CHANSONS POPULAIRES

DU Cte

EUGÈNE DE LONLAY

~~~~~~

NOUVELLE ÉDITION

Ornée du portrait de l'auteur par MOUILLERON.

PARIS
GARNIER FRÈRES, LIBRAIRES-ÉDITEURS
6, rue des Saints-Pères — Palais-Royal, 215
—
1858
Droits de traduction et de reproduction réservés

CHANSONS
POPULAIRES.

L'auteur et l'éditeur déclarent réserver leurs droits de reproduction et de traduction à l'étranger.

Ce volume a été déposé au ministère de l'intérieur (direction de la librairie), le 28 mai 1858.

Paris. — Typographie de Henri Plon, imprimeur de l'Empereur, 8, rue Garancière.

CHANSONS POPULAIRES

DU Cte

EUGÈNE DE LONLAY

NOUVELLE ÉDITION

PARIS

GARNIER FRÈRES, LIBRAIRES-ÉDITEURS

6, rue des Saints-Pères — Palais-Royal, 215

1858

Droits de traduction et de reproduction réservés

C'est que l'air ou la mélodie
Devaient ne s'en trouver que mieux.
Le pauvre poëte lyrique
A son inspiration ment,
Fait de l'art à la mécanique,
Et n'est du chant que l'instrument.

Quel génie accouple sa muse
A celle du compositeur,
Dont l'excentricité s'amuse
De son plus pénible labeur ?
Il taille, rogne son ouvrage,
Et le disloque à l'infini ;
Corneille eût fait mauvais ménage
Avec Auber ou Rossini.

Je forme des vœux téméraires,
Pour que tu ne regrettes pas
La modique somme aux libraires,
Que pour m'avoir tu donneras.
Qui que tu sois, Français ou Slave,
De la fugue ou du contre-point
Souviens-toi que je fus l'esclave,
Chante-moi..... mais ne me lis point.

MA BRUNETTE.

Musique d'Étienne Arnaud.

Le doux chant de ma brunette,
 Toute mignonnette,
 Toute joliette,
Le doux chant de ma brunette
 Me fait nuit et jour
 Rêver d'amour.

Parmi les fleurs de sa fenêtre
Aux douces lueurs du matin,
Il faut la voir soudain paraître,
Montrer son visage lutin.
Jamais l'oiseau que l'aube éveille
Ne trouve même au fond des bois
Un chant fait pour charmer l'oreille,
Comme celui que dit sa voix! (*Bis.*)

Le doux chant de ma brunette,
    Toute mignonnette,
    Toute jöliette,
Le doux chant de ma brunette
    Me fait nuit et jour
    Rêver d'amour.

Il faut la voir, alerte et folle,
Oublieuse de son chemin,
Bondir après l'oiseau qui vole
Et le poursuivre de la main ;
Sur le cristal de la fontaine,
Elle se penche pour se voir ;
Brunette aux longs cheveux d'ébène
N'a jamais eu d'autre miroir.   (*Bis.*)

Les cheveux de ma brunette,
    Toute mignonnette,
    Toute joliette,
Les cheveux de ma brunette
    Me font nuit et jour
    Rêver d'amour.

Il faut la voir chaque dimanche
Avec son joli corset noir,
Son pied mignon, sa robe blanche,
Dans la chapelle du manoir.
Qu'elle est belle, ô vierge Marie !

Avec son air chaste et pieux,
Il faut la voir quand elle prie
Lever ses yeux noirs vers les cieux.   (*Bis.*)

Les yeux noirs de ma brunette,
   Toute mignonnette,
   Toute joliette,
Les yeux noirs de ma brunette
   Me font nuit et jour
     Rêver d'amour.

MOUREZ ET NE REVENEZ PLUS.

Musique d'Ernest Lépine.

Pourquoi donc me parler sans cesse
De votre amour, de votre feu ?
D'un tel amour, je le confesse,
Moi je m'inquiète fort peu !
Parfois vous voulez que l'absence
Me punisse de mes refus :
Soit, j'approuve cette vengeance ;
Mais faites durer la souffrance,
   Et ne revenez plus.

Vous partez tout bouillant de haine
Pour voyager bien loin de moi,
Quand, vers la fin de la semaine,
C'est encor vous que je revoi...
Vous revenez avec courage ;

Mais tous vos rêves sont déçus...
Pour qu'on vous aime davantage,
Remettez-vous vite en voyage,
 Et ne revenez plus.

Je suis froide... je suis coquette,
Je suis l'auteur de tous vos maux.
Vous accusez mon cœur, ma tête,
Et moi, je ris de ces propos.
Vous voulez vers une autre belle
Porter vos transports méconnus...
Soit, elle sera moins cruelle;
Mais restez-lui toujours fidèle,
 Et ne revenez plus.

Enfin, parfois, d'un air tragique
Vous jurez d'abréger vos jours,
Et votre voix mélancolique
Dit toujours adieu pour toujours!
Moi, je crois la plaisanterie;
Et mes nerfs en sont presque émus
Quand je vous revois plein de vie.
Allons, mourez, je vous en prie,
 Et ne revenez plus.

LES YEUX BLEUS.

Musique d'Étienne ARNAUD.

Tes deux jolis yeux,
Bleus comme les cieux,
Tes deux jolis yeux
Ont ravi mon âme;
De tes jolis yeux
Bleus comme les cieux,
La céleste flamme
Éblouit mes yeux.

Par un seul mot l'âme est ravie,
Le cœur ému donne sa foi,
Un regard peut troubler la vie,
Et ton regard brilla sur moi.

Ah!
Tes deux jolis yeux,

Bleus comme les cieux,
Tes deux jolis yeux
Ont ravi mon âme ;
De tes jolis yeux
Bleus comme les cieux
La céleste flamme
Éblouit mes yeux.

Tu veux savoir pourquoi, sans cesse,
Dans tous les lieux où tu n'es pas,
L'ennui, la crainte et la tristesse
Volent soudain devant mes pas.

Ah !
Tes deux jolis yeux,
Bleus comme les cieux,
Tes deux jolis yeux
Ont ravi mon âme ;
De tes jolis yeux
Bleus comme les cieux
La céleste flamme
Éblouit mes yeux.

Enfin, tu veux savoir encore
Pourquoi je change en te voyant,
Pourquoi mon front se décolore,
Pourquoi mon cœur est tout tremblant.

Ah !
Tes deux jolis yeux,
Bleus comme les cieux,
Tes deux jolis yeux
Ont ravi mon âme ;
De tes jolis yeux
Bleus comme les cieux
La céleste flamme
Éblouit mes yeux.

LE GRAND-PÈRE.

Musique de Ch. Plantade.

Enfants, mes chers enfants, vous dites dans vos jeux :
Mon Dieu! si j'étais grand, que je serais heureux!
L'un, soldat de dix ans, *s'attache* à son épée;
Une autre dit déjà : *Ma fille...* à sa poupée.

Gardez bien tout cela, votre mère et vos jeux : } *(Bis.)*
Enfants, restez petits; enfants, restez heureux. }

Dans vos regards si purs brille un rayon du ciel;
Votre âme est sans remords, votre cœur est sans fiel;
Un bras est là toujours où votre main s'appuie,
Si vous versez des pleurs, un baiser les essuie.

Gardez bien tout cela, votre mère et vos jeux : } *(Bis.)*
Enfants, restez petits; enfants, restez heureux. }

Comme vous, autrefois, j'étais vif et joyeux,
Une larme jamais n'obscurcissait mes yeux ;
Mais l'âge m'a glacé. Cruel en sa vitesse,
Le temps m'a tout ravi, bonheur, plaisirs, jeunesse.

Gardez bien tout cela, votre mère et vos jeux : ⎫
Enfants, restez petits ; enfants, restez heureux. ⎭ *(Bis.)*

ABORDAGE.

Musique du comte d'ADHÉMAR.

A l'horizon regardez bien,
Braves compagnons du corsaire...
Là-bas n'apercevez-vous rien?
Moi, je distingue une galère
  Au pavillon sicilien!   (*Bis.*)
  Oui, j'aperçois une galère
  Au pavillon sicilien!

    Amis, courage,
A l'abordage, à l'abordage
    Élançons-nous,
    Et que je meure   (*Bis.*)
    Si dans une heure
Cette galère n'est pas à vous.

Je la reconnais, sur ma foi,
C'est celle qui de la Norvége

Emmène la fille du Roi,
Aux cheveux d'or, au teint de neige,
Qu'hymen appelle sous sa loi! (*Bis.*)
C'est elle qui de la Norvége
Emmène la fille du Roi!

    Amis, courage,
A l'abordage, à l'abordage
    Élançons-nous;
    Et que je meure   (*Bis.*)
    Si dans une heure
Cette galère n'est pas à vous.

Songez que les vins les meilleurs
Sont chargés sur cette galère :
Que cent filles, charmantes sœurs,
Entourent la jeune héritière
Comme une guirlande de fleurs! (*Bis.*)
Pour vous seront toutes ces sœurs! (*Bis.*)

    Amis, courage,
A l'abordage, à l'abordage
    Élançons-nous;
    Et que je meure   (*Bis.*)
    Si dans une heure
Cette galère n'est pas à vous.

LA JEUNE FILLE.

Musique d'Ernest Lépine.

Voyez bondir sur le gazon
La radieuse jeune fille ;
Fleur qui brille en toute saison,
Ange adoré de la famille.

Rien n'effleure ses rêves d'or ;
Loin d'elle fuit la peine amère,
Et son front n'est humide encor
Que des seuls baisers de sa mère.

Voyez bondir sur le gazon
La radieuse jeune fille ;
Fleur qui brille en toute saison,
Ange adoré de la famille.

Son cœur est resté tendre et bon,
Tout étranger aux voix du monde ;
Et de cette âme sans limon
Nul orage n'a troublé l'onde.

Voyez bondir sur le gazon
La radieuse jeune fille ;
Fleur qui brille en toute saison,
Ange adoré de la famille.

Qu'ils semblent limpides et clairs,
Ses yeux levés pour la prière !
On croit voir le ciel à travers,
Tant ils ont d'azur, de lumière.

Voyez bondir sur le gazon
La radieuse jeune fille ;
Fleur qui brille en toute saison,
Ange adoré de la famille.

Dieu puissant ! il est près de nous,
Ce temps d'exil et de tristesse,
Où pour suivre son jeune époux,
Il faudra qu'elle nous délaisse !

Voyez bondir sur le gazon
La radieuse jeune fille ;
Fleur qui brille en toute saison,
Ange adoré de la famille.

Veuillez choisir de votre main,
Toujours propice, tutélaire,
Et conduire sur son chemin
Celui qui doit l'aimer, lui plaire !

Voyez bondir sur le gazon
La radieuse jeune fille;
Fleur qui brille en toute saison,
Ange adoré de la famille.

LE LILAS BLANC.

Musique d'Étienne Arnaud.

Au bal, ce soir, qu'elle était belle !
Chacun l'admirait tour à tour,
Et tous les yeux, fixés sur elle,
La contemplaient avec amour !
C'était bonheur pour moi d'entendre
Dire son nom de tout côté,
Vanter son air modeste et tendre,
Son élégance et sa beauté !...

Et pour parure une humble fleur
Reposait seule sur son cœur !
Oui, pour parure une humble fleur
Reposait seule sur son cœur !

Le cœur ému, triste et timide,
Je m'approchai pour lui parler ;

Je vis pâlir son front candide,
Et je sentis sa main trembler...
Est-ce une erreur, une folie?
Je crus surprendre, ô doux instant!
Sa lèvre pure et si jolie,
Presser la fleur en m'écoutant!...

Tout en pressant son humble fleur,
Son doux regard prenait mon cœur!
En aspirant sa fraîche fleur,
Son fier regard prenait mon cœur!

Rempli de crainte et de tristesse,
Déjà le bal allait finir,
J'implorai d'elle, en mon ivresse,
Un mot d'espoir, un souvenir!
En me quittant, sa main charmante
M'abandonna son frais lilas;
Puis, elle dit, toute tremblante :
« Un jour, ne m'oublierez-vous pas?... »

Ah! pour toujours son humble fleur
Reposera là, sur mon cœur!
Oui, pour toujours son humble fleur,
Reposera là, sur mon cœur!

LE CONTREBANDIER.

Musique de Ch. Delioux.

    Contrebandier,
    Que mon métier
        M'enchante ;   (*Bis.*)
    J'ai tour à tour,
    Plaisir, amour ;
      Je chante
      Nuit et jour :
Tra, la, la, la, la, la,
Que mon métier m'enchante !
Tra, la, la, la, la, la,
Je suis contrebandier.

    Quand vient la nuit,
    Au moindre bruit
Je prends mon escopette ;
    Alors malheur
    A tout guetteur

Qui coupe ma retraite.
  Sur la montagne
  Que je regagne
  Pressant le pas,
  Je dis tout bas :

Contrebandier,
Que mon métier
  M'enchante ;   (*Bis.*)
J'ai tour à tour,
Plaisir, amour ;
  Je chante
  Nuit et jour :
Tra, la, la, la, la, la,
Que mon métier m'enchante !
Tra, la, la, la, la, la,
Je suis contrebandier.

  Pour les amours
  J'ai fins velours,
Bijoux, riches aigrettes,
  Et quand je veux,
  Je suis heureux
Auprès des plus coquettes.
  Mais, moi, je n'aime
  D'amour extrême,
  Que Paquita
  Ma señora.

Contrebandier,
Que mon métier
　M'enchante; 　(*Bis.*)
J'ai tour à tour,
Plaisir, amour;
　Je chante
　Nuit et jour :
Tra, la, la, la, la, la,
Que mon métier m'enchante !
Tra, la, la, la, la, la,
Je suis contrebandier.

Quand vient le soir,
　Pour entrevoir
Un seul instant ma belle,
　Je cours souvent,
　Tout en rêvant,
L'attendre en sentinelle ;
　Et dès qu'elle ose,
　Sa porte close,
　S'ouvre soudain
　A mon refrain.

Contrebandier,
Que mon métier
　M'enchante ; 　(*Bis.*)
J'ai tour à tour,
Plaisir, amour;

Je chante
Nuit et jour :
Tra, la, la, la, la, la,
Que mon métier m'enchante !
Tra, la, la, la, la, la,
Je suis contrebandier.

LES VOLONTAIRES.

CHOEUR.

Musique d'Auguste Morel.

Allons, amis, la France nous appelle,
A ses accents hâtons-nous d'accourir;
Ivres d'amour, en combattant pour elle,
Nous ses enfants, sachons vaincre ou mourir.

D'une voix sincère, unanime
A la patrie avec transport,
Dans un élan d'orgueil sublime,
Vouons nos bras jusqu'à la mort.

Allons, amis, la France nous appelle,
A ses accents hâtons-nous d'accourir;
Ivres d'amour, en combattant pour elle,
Nous ses enfants, sachons vaincre ou mourir.

Loin de nous de folles alarmes,
Indignes du cœur d'un soldat,
Français, nous ne versons de larmes,
Que d'ivresse après le combat.

Allons, amis, la France nous appelle,
A ses accents hâtons-nous d'accourir;
Ivres d'amour en combattant pour elle,
Nous ses enfants, sachons vaincre ou mourir.

Secouons enfin la poussière
Du saint drapeau de nos aïeux,
Au son de la marche guerrière,
Au champ d'honneur volons comme eux.

Allons, amis, la France nous appelle,
A ses accents hâtons-nous d'accourir;
Ivres d'amour en combattant pour elle,
Nous ses enfants, sachons vaincre ou mourir.

LA FILLE DE L'OUVRIER.

Air : *Il pleut, il pleut, bergère.*

Auprès de ma fenêtre,
Il est un frais réduit,
Où je vois apparaître,
Dès que l'aurore luit,
Une modeste fille
Vivant seule en ce lieu,
Sans mère, sans famille,
A la grâce de Dieu !

A travers la feuillée
De ses rosiers en fleur,
Que sa mine éveillée
Décèle de pudeur !
Qu'elle est heureuse et belle

Dans sa simplicité !
En dot elle a pour elle
L'avenir, la gaîté.

Sur sa chaise de paille,
Assise avant le jour,
Elle chante, travaille
Et rêve tour à tour.
Vierge encore d'épreuve,
Sans remords et sans fiel,
Sa jeune âme s'abreuve
De délices du ciel !

L'innocence auréole
Son front que Dieu bénit,
Et sa foi la console
D'avoir si pauvre nid.
C'est l'oiseau sur la branche,
Sans crainte du réveil,
Dont la gaîté s'épanche
Dans un flot de soleil.

LE ROI DES VILAINS.

Musique du comte Ab. d'Adhémar.

Tandis que dans sa tourelle
Le noble crève d'ennui,
Près de jeune damoiselle
Désœuvrée autant que lui,
Moi, je cours dans nos campagnes
Toujours joyeux et fêté,
Et ce refrain des montagnes,
Je le chante en liberté :

Mon sort est digne d'envie;
Que me font les châtelains?
La liberté c'est la vie;
Et je suis roi des vilains.

A la fin de chaque année,
Quand il faut payer l'impôt,

Moi, qui vis à la journée,
Mon compte est réglé bientôt
Je campe sur la bruyère,
Je prends le gibier au roi;
Et l'alouette légère,
N'est pas plus libre que moi.

Mon sort est digne d'envie;
Que me font les châtelains?
La liberté, c'est la vie;
Et je suis roi des vilains.

Au printemps, la fleur nouvelle
Vient resplendir sur mon front,
Et du feu, tandis qu'il gèle,
Pour moi les amis en font.
Quant à la science austère,
Ses secrets me sont connus :
A tous les cœurs je sais plaire,
Et je bois à tous les crus.

Mon sort est digne d'envie;
Que me font les châtelains?
La liberté, c'est la vie;
Et je suis roi des vilains.

L'AGE D'OR.

Musique d'Auguste Morel.

D'un beau ciel radieux
Ton matin se colore ;
Enfant, tu viens d'éclore,
Les pleurs craignent tes yeux !
Tu souris sans alarmes
Ignorant les douleurs,
Ignorant que les larmes
Se cachent sous les fleurs.
A l'abri de l'orage,
Tu peux sourire encor ;
Bienheureux est ton âge, } *(Bis.)*
Enfant, c'est l'âge d'or !

Reste, enfant, sans effroi,
Si la tempête gronde

Et menace le monde :
Elle glisse sur toi.
L'éclair qui fend la nue
N'interrompt point tes jeux,
Et ta grâce ingénue
N'a que des chants joyeux.
A l'abri de l'orage,
Tu peux chanter encor ;
Bienheureux est ton âge,   } (*Bis.*)
Enfant, c'est l'âge d'or !

Près de toi chaque nuit
Ton bel ange se pose,
Et de sa lèvre rose
Te caresse sans bruit.
Ah ! plus tard sur ta route,
Aux longs jours de douleurs,
Il reviendra sans doute ;
Mais pour sécher tes pleurs.
A l'abri de l'orage,
Tu peux rêver encor ;
Bienheureux est ton âge,   } (*Bis.*)
Enfant, c'est l'âge d'or !

Enfant, tu ne sais pas
Que souvent dans la vie
La foi nous est ravie,
Que l'oubli suit nos pas !

Le seul amour sur terre,
Sans crainte et sans regrets,
C'est l'amour d'une mère :
Il ne trompe jamais !
A l'abri de l'orage,
Tu peux aimer encor ;
Bienheureux est ton âge, } *(Bis.)*
Enfant, c'est l'âge d'or !

DIGA-DIGA-DA.

Musique de Ch. Delioux.

Joyeuse meunière,
Quel bonheur pour moi!
Je suis héritière
Du moulin du roi;
Sitôt qu'il tournoie,
Son timbre argentin
Me met l'âme en joie
Et le cœur en train.
Et mon moulin va,
 Diga-diga-da.
Et mon moulin chante,
Un air qui m'enchante,
Et mon moulin va; } (*Bis.*)
 Diga-diga-da,
Et mon moulin va,
Diga-diga-diga-da.

Ici que de monde,
Dès l'aube assemblé,
Accourt à la ronde,
M'apporter du blé.
Plus d'un cœur sincère,
Amoureux soudain,
En mon âme espère,
Demande ma main.

 Et mon moulin, etc.

Sitôt qu'on s'éveille,
Le bruit d'un moulin
Peut charmer l'oreille;
Mais il est certain
Que le bruit qu'on aime,
C'est celui que fait
Le cœur qui vous aime,
Le cœur qui vous plaît!
Le cœur qui vous chante,
 Diga-diga-da,
Le cœur qui vous chante
Chanson si charmante,
Le cœur qui vous chante,
Pour vous seule bat,
Le cœur qui vous chante:
 Diga-diga-da,
Pour vous seule bat,
Diga-diga-diga-da.

LE TOSTE A SAINT-HUBERT.

Air : *Tonton, tontaine, tonton.*

Je porte un toste à votre chasse,
Du cor en écoutant le son :
    Tonton, tonton,
    Tontaine, tonton ;
Dans les taillis et sans préface,
J'ai fait pour vous cette chanson,
    Tonton,
    Tontaine, tonton.

La meute a bien mené la bête,
Et l'a forcée en ce canton,
    Tonton, tonton,
    Tontaine, tonton.
A table célébrons la fête
De saint Hubert notre patron,
    Tonton,
    Tontaine, tonton.

Dans les bois des *Belles-Ruries*,
Tout le gibier est à foison,
    Tonton, tonton,
    Tontaine, tonton.
De doux nids ses herbes fleuries
Gardent la trace, nous dit-on,
    Tonton,
    Tontaine, tonton.

Que ma gaîté ce soir vous gagne,
De mon refrain prenez le ton,
    Tonton, tonton,
    Tontaine, tonton.
Tout en sablant force champagne,
Narguons les Parques et Pluton,
    Tonton,
    Tontaine, tonton.

Buvons au charme de la femme,
Seule clarté de la maison,
    Tonton, tonton,
    Tontaine, tonton.
Car l'homme n'est qu'un corps sans âme
A l'état triste de garçon,
    Tonton,
    Tontaine, tonton.

A chanter la lèvre s'altère :
Où donc est passé l'échanson ?

Tonton, tonton,
Tontaine, tonton.
Qu'il vienne et remplisse mon verre
Pour boire au maître de maison,
Tonton,
Tontaine, tonton.

Château des Belles-Ruries.

LE TORÉADOR.

BOLÉRO.

Musique du Cte d'Adhémar.

Enfant de la montagne,
Ah! que j'aime l'Espagne,   (*Bis.*)
Ce merveilleux séjour!
L'Andalouse gentille
Voilant sous sa mantille
Son bel œil noir qui brille   (*Bis.*)
De tous les feux d'amour!

La trompe sonne... au taureau mugissant,
La lance au poing, je déclare la guerre.
Ah! qu'il est beau dans sa démarche altière,
Frappant le sol et de rage écumant!...   (*Bis.*)

Enfant de la montagne,
Ah! que j'aime l'Espagne,   (*Bis.*)
Ce merveilleux séjour!
L'Andalouse gentille,
Voilant sous sa mantille   } (*Bis.*)
Son bel œil noir qui brille
De tous les feux d'amour!

Il me poursuit; je trompe sa fureur;
Il lutte en vain; je frappe : son sang coule;
Puis en tombant dans l'arène il se roule,
Expire enfin, et moi je suis vainqueur! (*Bis.*)

Enfant de la montagne,
Ah! que j'aime l'Espagne,   (*Bis.*)
Ce merveilleux séjour!
L'Andalouse gentille
Voilant sous sa mantille   } (*Bis.*)
Son bel œil noir qui brille
De tous les feux d'amour!

Entendez-vous, pour le toréador,
Tous ces bravos d'enivrante allégresse?
Ils font bondir le cœur de ma maîtresse,
Ces cris joyeux et de fête et de mort. (*Bis.*)

Enfant de la montagne,
Ah! que j'aime l'Espagne,   (*Bis*)

Ce merveilleux séjour !
L'Andalouse gentille
Voilant sous sa mantille   } (*Bis.*)
Son bel œil noir qui brille
De tous les feux d'amour !

LA CROIX D'HONNEUR.

Musique de Max d'Apreval.

O croix d'honneur, météore sublime,
Du monde entier tu fascines les yeux,
Et du soldat valeureux, magnanime,
Tu rends le sein et le front radieux.

O croix d'honneur, talisman de nos gloires, (*Bis.*)
Pour le guerrier enivré de victoires,
Jusqu'au trépas ta place est sur le cœur!
O croix d'honneur, des enfants de la France
Guide les pas et soutiens l'espérance;
Sur l'univers, arc-en-ciel de vaillance,
Fais rayonner notre étendard vainqueur.

Au premier cri de la patrie en larmes,
Le noble espoir alors de t'obtenir

A tous Français fait reprendre les armes,
En bataillons les fait se réunir.

O croix d'honneur, talisman de nos gloires, (*Bis.*)
Pour le guerrier enivré de victoires,
Jusqu'au trépas ta place est sur le cœur !
O croix d'honneur, des enfants de la France
Guide les pas et soutiens l'espérance ;
Sur l'univers, arc-en-ciel de vaillance,
Fais rayonner notre étendard vainqueur.

Au champ d'honneur le combattant que touche
Et fait pâlir le souffle de la mort,
En expirant te presse sur sa bouche,
Et t'y retient par un sublime effort.

O croix d'honneur, talisman de nos gloires, (*Bis.*)
Pour le guerrier enivré de victoires,
Jusqu'au trépas ta place est sur le cœur !
O croix d'honneur, des enfants de la France
Guide les pas et soutiens l'espérance ;
Sur l'univers, arc-en-ciel de vaillance,
Fais rayonner notre étendard vainqueur.

CHANSON DE TABLE.

Air : *Fanfare de l'Hallali par terre.*

Restons tous à table,
Gais et radieux ;
Repas confortable
Réjouit les yeux.
Noyons dans le verre
Le constant chagrin,
Et d'une voix claire
Chantons un refrain :

CHOEUR.

A bas la tristesse,
Partout et toujours !
Saluons l'ivresse,
Celle des amours !

Douce est l'existence
Pour l'homme enivré,
De toute souffrance

Il est délivré.
Elle est monotone
Pour qui ne boit pas,
Car le vin couronne
Seul un bon repas.

CHOEUR.

A bas la tristesse,
Partout et toujours !
Saluons l'ivresse,
Celle des amours !

Quand le vin m'allume,
Me met à l'envers,
Seulement ma plume
Peut écrire en vers.
Malgré moi je bâille
En les répétant ;
Le public qui raille
Doit en faire autant.

CHOEUR.

A bas la tristesse,
Partout et toujours !
Saluons l'ivresse,
Celle des amours !

J'aime à voir la mousse
Sous le bouchon droit,

Jaillir sans secousse
Du goulot étroit;
De liqueur fumante
Que j'aspire alors,
Ma coupe béante
S'emplir à pleins bords.

CHOEUR.

A bas la tristesse,
Partout et toujours !
Saluons l'ivresse,
Celle des amours !

Ma tête m'ajourne...
Oui, vraiment, je sens
Que la table tourne,
Retourne en tous sens...
Je me crois en perce...
Ma voix est sans son;
Je chancelle, et verse ..
A moi, l'échanson !

CHOEUR.

A bas la tristesse,
Partout et toujours !
Saluons l'ivresse,
Celle des amours !

L'ÉCHO DU LAVOIR.

Musique d'Alf. Dufresne.

La belle lavandière,
Jeune fille aux doux yeux,
Avait deux amoureux,
L'un jeune, l'autre vieux.
Que décider ? que faire ?
On n'en peut prendre deux !
Pour entrer en ménage,
Le jeune assurément
Lui plaisait davantage...
Mais n'avait pas d'argent.

La belle lavandière
Rêvait d'être meunière,
Et l'écho du lavoir
Redisait chaque soir :
Pan, pan, pan, pan, pan, pan.

A genoux sur la rive,
En lavant le matin,
Son regard incertain
Cherchait dans le lointain ;
Son oreille attentive
Écoutait le moulin.
Être toujours en fête
Lui semblait bien tentant ;
Elle en perdit la tête...
Qui n'en eût fait autant ?

La belle lavandière
Rêvait d'être meunière,
Et l'écho du lavoir
Redisait chaque soir :
Pan, pan, pan, pan, pan, pan.

L'an dernier l'infidèle,
Sans se faire prier,
Plaindre ni supplier,
Se laisse marier...
Et pour porter dentelle
Épouse le meunier.
Le vieux et méchant homme,
Jaloux comme un manant,
La maltraite, l'assomme,
Et n'est jamais content.

La belle lavandière
Est aujourd'hui meunière,
Et l'écho du lavoir
Répète chaque soir :
Pan, pan, pan, pan, pan, pan.

Devenue enfin veuve
Au bout de quelques mois
D'un mari peu courtois,
Et jaloux et sournois,
Elle eut trop de l'épreuve,
Réfléchit cette fois.
De la fortune entière
Du meunier héritant,
La belle lavandière
Épousa son galant.

Il n'est pas à la ville
Un ménage entre mille
Qui s'aime autant d'amour :
Leurs cœurs font nuit et jour
Pan, pan, pan, pan, pan, pan.

MON COURSIER.

Musique d'Aug. DE CROISILLES.

J'aime ton crin noir et luisant
Quand tu bondis tout ruisselant
   Par les monts, par les plaines !
Quel coursier, même nubien,
Eut un jarret comme le tien
   Lorsque tu me ramènes !

Pressant tes flancs de mes genoux,
Il faut te voir mettre en courroux,
   Dresser ta tête altière !
Lorsque tu pars impétueux,
Ton fer, du granit ténébreux,
   Fait jaillir la lumière.

Ce n'est pas toi dont le cœur bat
Aux bruits que font dans le combat

Les clairons, les cymbales!
Je ne te sais pas un défaut,
Ton pied jamais n'a fait défaut
A l'approche des balles!

LE DOCTEUR POLETTI.

Air : *Aussitôt que la lumière.*

Dans mes maux et ma tristesse,
Pour médecin, pour ami,
J'eus dès ma folle jeunesse
Le bon docteur Poletti.
Il est franc et charitable,
Toujours le cœur sur la main ;
Il a vieux vin, bonne table,
Et l'amour du genre humain.

Ennemi des gens maussades,
Il déserte leur maison,
Mais guérit tous ses malades
Sans employer de poison.
Dieu semble à son ministère
Prêter vraiment son appui :
Il vous retient sur la terre,
Il a la chance pour lui.

Quand il escalade leurs niches,
Aux pauvres il ne prend rien,
Et n'écorche point les riches,
Car c'est un homme de bien.
Il est l'obligeance même,
Ce bon et charmant docteur,
Sitôt qu'on le voit on l'aime
Pour son savoir et son cœur.

Près du lit des cholériques
Il s'installe jour et nuit ;
Les plus mauvaises pratiques
Il les prend toutes chez lui.
Pourtant à sa boutonnière
Ne rayonne aucune croix ;
Aux faveurs ne songeant guère
Il se dit : *Fais ce que dois...*

Éloquent avec les femmes,
Aimable avec les maris,
Par lui les corps et les âmes
En même temps sont guéris.
Puisse un jour le ciel entendre
Ce chant qu'élève ma voix,
Et sur sa maison répandre
Tous les bonheurs à la fois.

SOLDAT DU ROI.

Musique d'Étienne ARNAUD.

Je dois partir, l'honneur l'ordonne,
Je suis soldat, soldat du roi,
Le tambour bat, le clairon sonne,
Que votre cœur soit sans effroi :
Du haut des cieux, Dieu veillera sur moi,
Dieu veillera sur le soldat du roi.

Ma mère, adieu ! séchez vos larmes
Et bannissez votre douleur ;
Soyez sans crainte et sans alarmes,
Car près de vous reste mon cœur.
Puisse toujours votre prière
Au Tout-Puissant me confier...
    Et la pauvre mère
    Se mit à prier,
   A prier, à prier !

Je dois partir, l'honneur l'ordonne,
Je suis soldat, soldat du roi,
Le tambour bat, le clairon sonne,
Que votre cœur soit sans effroi :
Du haut des cieux, Dieu veillera sur moi,
Dieu veillera sur le soldat du roi.

Mon père, adieu ! de votre gloire,
De vos exploits, je suis jaloux ;
Je cours soldat à la victoire,
Je reviendrai digne de vous.
De votre nom mon âme est fière,
J'aurai ma part dans les combats !...
    Et le pauvre père
    Le prit dans ses bras,
Dans ses bras, dans ses bras.

Je veux partir, l'honneur l'ordonne,
Je suis soldat, soldat du roi,
Le tambour bat, le clairon sonne,
Que votre cœur soit sans effroi :
Du haut des cieux, Dieu veillera sur moi,
Dieu veillera sur le soldat du roi.

Adieu, Marie, adieu, compagne,
Ma fiancée, ô mes amours !
Je reverrai notre montagne,
Pour te bénir, t'aimer toujours !

Toi, le trésor de ma famille,
L'ange gardien de mon foyer!...
  Et la pauvre fille
  Se prit à pleurer,
 A pleurer, à pleurer.

Il faut partir, l'honneur l'ordonne,
Je suis soldat, soldat du roi,
Le tambour bat, le clairon sonne,
Mais que ton cœur soit sans effroi :
Du haut des cieux, Dieu veillera sur moi,
 Dieu veillera sur le soldat du roi!

HOURRAH.

BALLADE.

Musique de D. Fournier.

LE CAVALIER.

Hourrah! hourrah! franchis l'espace,
Va! lutte de vitesse avec l'éclair qui passe.
  Ne ralentis pas
    Ton pas;
  A travers la plaine,
    Mon destrier,
  Que ton vol entraîne
    Ton cavalier.

Il est minuit. Sur ton enclume,
Forgeron, dorment tes marteaux;
Viens ferrer mon cheval, rallume
Les feux éteints de tes fourneaux.

LE FORGERON.

Maître, où donc allez-vous si vite?
Mon Dieu, si tard d'où venez-vous?

LE CAVALIER.

Je vais où le bonheur m'invite;
Je viens d'un lieu bien loin de nous.

Hourrah! hourrah! franchis l'espace,
Va! lutte de vitesse avec l'éclair qui passe.
  Ne ralentis pas
   Ton pas;
  A travers la plaine,
   Mon destrier,
  Que ton vol entraîne
   Ton cavalier.

Le vent gémit, là sous la branche,
Parmi les frissonnants roseaux,
Sur le lac glisse une ombre blanche,
J'entends chanter l'esprit des eaux.

L'ONDINE.

Cavalier, me trouves-tu belle?
Si tu le veux, je suis à toi.

LE CAVALIER.

Alerte, ô mon coursier fidèle,
De son étreinte sauve-moi.

Hourrah! hourrah! franchis l'espace,
Va! lutte de vitesse avec l'éclair qui passe.
Ne ralentis pas
Ton pas;
A travers la plaine,
Mon destrier,
Que ton vol entraîne
Ton cavalier.

J'arrive enfin, chère Marie!
Dans tes bras accours me presser!
Mais que dis-tu? l'on te marie
Quand je reviens pour t'épouser!

LA FIANCÉE.

Il est trop tard, la messe est dite,
Et je suis duchesse à présent.

LE CAVALIER.

Retire-toi de moi, maudite,
Et que l'enfer soit ton présent.

Hourrah! hourrah! franchis l'espace,
Va! lutte de vitesse avec l'éclair qui passe.
    Ne ralentis pas
      Ton pas;
   A travers la plaine,
    Mon destrier,
  Que ton vol entraîne
    Ton cavalier.

Le bal est beau, la foule ondoie,
Et le plaisir, dans tous les yeux,
Sur tous les fronts jette la joie;
Le noble duc est radieux.

LA FIANCÉE.

Seigneur, quel est ce chant étrange
Qui trouble la paix de ma nuit?

LE DUC.

Retirons-nous, ô mon bel ange!
Vrai Dieu! je n'entends aucun bruit.

LE CAVALIER.

Hourrah! hourrah! franchis l'espace,
Va! lutte de vitesse avec l'éclair qui passe.
    Ne ralentis pas

Ton pas ;
A travers la plaine,
Mon destrier,
Que ton vol entraîne
Ton cavalier.

Trop longtemps mon âme privée,
Aux enfers a gémi sans toi ;
Ta dernière heure est arrivée,
Il faut y descendre avec moi !

LA FIANCÉE.

Je vous ferai dire des messes :
Mon époux dort, parlez plus bas.

LE CAVALIER.

Je ne crois plus à tes promesses,
Viens, ou je t'arrache à ses bras...

Hourrah ! hourrah ! franchis l'espace,
Va ! lutte de vitesse avec l'éclair qui passe.
Ne ralentis pas
Ton pas ;
A travers la plaine,
Mon destrier,
Que ton vol entraîne
Ton cavalier.

LE CAPITAINE DE CORVETTE.

Musique de J. Vimeux.

 Regardez ma corvette,
 Qui s'incline, coquette,
 Sur la mer, son miroir!   (*Bis.*)
 Quand sa quille inconstante
 Fend la vague écumante,
 Ah! qu'elle est belle à voir! (*Quater.*)

Moi, ma cocarde est ma couronne,
Tout à mon bord subit mes lois.
La Sainte-Barbe est ma patronne,
Et mon sceptre mon porte-voix!

 Regardez ma corvette,
 Qui s'incline, coquette,
 Sur la mer, son miroir!   (*Bis.*)

Quand sa quille inconstante
Fend la vague écumante,
Ah! qu'elle est belle à voir !   (*Quater.*)

J'ai détesté toujours la terre,
L'apercevoir fait mon chagrin.
Mon existence est un mystère...
Dès le berceau, je fus marin.

Regardez ma corvette,
Qui s'incline, coquette,
Sur la mer, son miroir !   (*Bis.*)
Quand sa quille inconstante
Fend la vague écumante,
Ah! qu'elle est belle à voir !   (*Quater.*)

Il faut la voir voler avide,
Lorsqu'elle suit un pavillon,
Briser soudain le flot rapide,
En traçant un noble sillon.

Regardez ma corvette,
Qui s'incline, coquette,
Sur la mer, son miroir !   (*Bis.*)
Quand sa quille inconstante
Fend la vague écumante,
Ah! qu'elle est belle à voir !   (*Quater.*)

LE BOUQUET.

Musique de Philippe de Bray.

Voulez-vous cette fleur
Que j'ai là, sur mon cœur?
D'un amour sans partage
C'est le gage.
Devinez mon secret, vous aurez cette fleur,
Ah! que j'ai là, sur mon cœur.

Cette fleur a sans doute
Allumé dans vos yeux
Ce feu brûlant du doute
Qui vous rend soucieux?
Votre voix qui s'oppresse
Exige en frémissant
Ce gage de tendresse,
Ce bouquet ravissant.

Ah! voulez-vous cette fleur, etc.

Vous demandez encore,
Qui m'offrit aujourd'hui,
Cette fleur que j'adore
Et cause votre ennui.
D'un ton dur et sévère
Vous m'accusez... eh bien !
Mettez-vous en colère,
Et vous ne saurez rien.

Ah ! voulez-vous cette fleur, etc.

Apaisez le délire
De vos transports jaloux ;
Puisqu'il faut tout vous dire,
Cette fleur est pour vous.
A vous plaire empressée,
Votre fête en secret
M'a donné la pensée
De vous faire un bouquet.

Ah ! voulez-vous cette fleur
Que j'ai là, sur mon cœur ?
D'un amour sans partage
C'est le gage.
A genoux, jurez-moi de n'être plus jaloux.
Et cette fleur est pour vous.

PRENEZ ESPOIR.

NOCTURNE.

Musique d'Alb. Grisar.

Déjà le jour baisse,
Et du haut des monts
La nuit vient, épaisse,
Couvrir les vallons.
La cloche lointaine
Se meut lentement,
Et la brise entraîne,
A travers la plaine,
Son doux tintement...

Vous qui passez sur la terre,
    Prenez espoir;
  Voici la prière,
  La prière du soir!

La rose flétrie
Par les feux du jour,
Pure et rafraîchie,
Renaît à l'amour.
Le flot sur la plage
Semble soupirer,
Et dans son langage
L'oiseau du bocage
Vient de murmurer...

Vous qui passez sur la terre,
　　Prenez espoir :
　Voici la prière,
La prière du soir !

Le pauvre en sa route
S'arrête soudain ;
Rêveur il écoute
L'Angelus lointain...
Puis son cœur oublie
Les jours douloureux ;
Et sa voix qui prie,
Humble, se marie
A l'écho des cieux !...

Vous qui passez sur la terre,
　　Prenez espoir :
　Voici la prière,
La prière du soir !...

LE NEZ RETROUSSÉ.

Musique d'Avelino VALENTI.

Dans mes lointains et longs voyages,
J'ai remarqué dans tous les rangs,
Au milieu de bien des visages,
Des nez courts, ronds, petits ou grands :
Jamais aucun, par sa tournure,
Ne m'a séduit, même élancé,
Vraiment, autant, je te le jure,
Que ton joli nez retroussé.

Ton nez a fait bien des conquêtes :
Sans le savoir, il peut soudain
Troubler les cœurs, tourner les têtes,
Avec son air espiègle et fin.
Sur une lèvre plus mignonne
En est-il un de mieux posé ?
On donnerait une couronne
Pour ton joli nez retroussé.

Quoique parfois fort incommode,
A mon avis : je le soutiens,
Un grand nez fut toujours de mode
Chez l'homme, c'est vrai, j'en conviens.
Oui, mais lorsqu'elle a taille accorte,
Bouche petite et teint rosé,
A la femme, mon Dieu ! qu'importe,
D'avoir nez long et retroussé ?

Je te surprends triste, morose,
Je ne puis lire dans tes yeux !
Quel grand chagrin sur toi se pose
Et rend ton front si soucieux ?
Je sais pourquoi tu t'inquiètes,
C'est que dans un âge avancé
Il ne pourra porter lunettes,
Ton ravissant nez retroussé.

LE BOUCANIER.

Musique du Cte Ab. d'ADHÉMAR.

Sur la montagne
Je trône en roi,
Et la campagne
Subit ma loi.
Tremblez, rivages,
Hurlez, orages,
De tous vos cris,
Moi je me ris.

(Ter.)

Comme le cèdre altier qu'aucun souffle ne plie,
Mon front n'a pour joug que les airs ;
Pour berceau, pour amours, pour patrie,
J'ai l'univers !

Sur la montagne, etc.

Je ne sais qu'une voix qui puisse faire taire
    Ma forte voix, celle du vent;
  Et la coupe où je me désaltère,
      C'est le torrent!

Sur la montagne, etc.

Le jour, pour me chauffer, j'ai les feux que me prête
    Le soleil pur et radieux;
  Et la nuit, le seul toit pour ma tête,
      Ce sont les cieux!

Sur la montagne, etc.

LA REINE DE LA MOISSON.

Musique d'Étienne Arnaud.

De nos vallons je suis la reine,
J'ai pour sujets les moissonneurs !
Le ciel m'a fait leur souveraine,
Je règne ici, je règne ici sur tous les cœurs !
Ah ! ah !
De la moisson je suis la reine,
Ah ! ah !
Je règne ici sur tous les cœurs !

Dès que paraît la pâle aurore,
Elle sourit à mon réveil ;
Dans le ciel bleu qui se colore,
Bientôt se lève un beau soleil !
Et c'est pour moi que l'alouette,
Toute joyeuse aux feux du jour,
Le rossignol et la fauvette,
Font retentir leurs chants d'amour !

De nos vallons je suis la reine,
J'ai pour sujets les moissonneurs !
Le ciel m'a fait leur souveraine,
Je règne ici, je règne ici sur tous les cœurs !
Ah ! ah !
De la moisson je suis la reine,
Ah ! ah !
Je règne ici sur tous les cœurs !

Contre mes droits, ma cour fidèle
Ne forme point complots méchants ;
En souriant, chacun m'appelle
Gentille et blanche fleur des champs.
A mon destin je m'abandonne,
Reine d'un jour, d'une saison ;
De blonds épis je me couronne,
Quand vient le temps de la moisson !

De nos vallons je suis la reine,
J'ai pour sujets les moissonneurs !
Le ciel m'a fait leur souveraine,
Je règne ici, je règne ici sur tous les cœurs !
Ah ! ah !
De la moisson je suis la reine,
Ah ! ah !
Je règne ici sur tous les cœurs !

Pour le glaneur, toujours je laisse
De beaux épis ! la part de Dieu !

Pour l'indigence et la vieillesse,
Je vais prier dans le saint lieu !
Mon peuple aussi gaîment me fête,
Et si, jusqu'au palais d'un roi,
Parfois éclate la tempête,
La paix du cœur règne chez moi !

De nos vallons je suis la reine,
J'ai pour sujets les moissonneurs !
Le ciel m'a fait leur souveraine,
Je règne ici, je règne ici sur tous les cœurs !
        Ah ! ah !
De la moisson je suis la reine,
        Ah ! ah !
Je règne ici sur tous les cœurs !

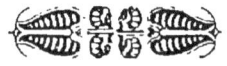

SOUHAITS.

CHANSON NAÏVE.

Musique de Masini.

Je voudrais être
L'oiseau charmant
Qui va chantant
Sous ta fenêtre.

Sa voix plaintive
Te dit, craintive,
La nuit, le jour :
Je n'ai plus d'aile,
Je suis fidèle
A mon amour !

Je voudrais être
Ces bois fleuris
Dont tu chéris
L'abri champêtre...

Quand la vallée
Est désolée
Des feux du jour,
Sous son feuillage
Le bois t'ombrage
De son amour.

Je voudrais être
L'humble ruisseau
Qui de son eau
Baigne ce hêtre...

Quand, simple et pure,
Sa course obscure
Fuit sans retour,
Avec son onde
Elle t'inonde
De son amour.

LE MEUNIER.

Musique d'Avelino Valenti.

Le jour où j'ai pris à fermage
Ce beau moulin qu'on voit là-bas,
Pour tout bien j'avais le courage,
De la jeunesse et de bons bras.
Rempli d'ardeur et d'espérance,
Mais n'ayant pas un sou vaillant,
Toujours je faisais diligence,
Et je chantais en travaillant :

Tourne, tourne, mon moulin ;
En farine
Blanche et fine
Change-moi le grain.
Tourne, tourne, et va bon train.

Quand ce moulin fut mis en vente,
On l'estima beaucoup d'argent ;
De mes épargnes je me vante
De l'avoir bien payé comptant.
Le ciel aidant mon entreprise,
Je n'eus plus rien à souhaiter ;
J'épousai ma belle promise,
Et nous étions deux à chanter :

> Tourne, tourne, mon moulin ;
> En farine
> Blanche et fine
> Change-moi le grain.
> Tourne, tourne, et va bon train.

Je me réveille dès l'aurore,
Et je me couche le dernier ;
Mon Dieu, si je travaille encore,
C'est que j'ai fille à marier.
Avec la dot que je lui donne,
Elle prendrait homme de loi ;
Oui, mais n'épousera personne
Autre qu'un meunier comme moi !

> Tourne, tourne, mon moulin ;
> En farine
> Blanche et fine
> Change-moi le grain.
> Tourne, tourne, et va bon train.

MON COEUR.

Musique d'Étienne Arnaud.

Vous voulez posséder mon cœur ? (*Bis.*)
Mais pour prendre ce cœur tendre,
Il faut ici nous entendre...
Vous voulez posséder mon cœur ? (*Bis.*)
Mais il faudrait nous entendre,
Sinon, rien, rien, mon beau seigneur.

Vous avez, me dites-vous,
Le désir le plus sincère
De réussir à me plaire ;
C'est facile : expliquons-nous.
Ici-bas, chacun s'arrange
A ne donner rien pour rien :
Vous voulez mon cœur ? eh bien,
Que m'offrez-vous en échange ?

Ah !... — Vous voulez posséder, etc.

Vous m'offrez votre château,
Terres, bois et dépendance :
Je le dis en conscience,
Je trouve cela fort beau ;
Mais tout ce brillant hommage,
Ces trésors dignes d'un roi,
Ce n'est pas assez pour moi ;
Je veux encore davantage.

Ah !... — Vous voulez posséder, etc.

La franchise est mon défaut,
Je crains qu'elle ne vous blesse ;
Mais ni l'or ni la noblesse
Ne me touchent, tant s'en faut.
Que votre âme le retienne !
Pour donner mon cœur, je veux
Un cœur noble et généreux,
Qui tout entier m'appartienne !
  Ah !...

Vous voulez posséder mon cœur ? (*Bis.*)
 Mais pour prendre ce cœur tendre,
 A mes vœux il faut vous rendre...
Vous voulez posséder mon cœur ? (*Bis.*)
 A mes vœux il faut vous rendre :
Moi, je veux un cœur pour mon cœur.

LE PAUVRE.

BALLADE.

Musique de Vogel.

Au pied de ces remparts quand la cité sommeille,
Par un ciel aussi froid, qui s'arrête si tard?
Quel est ce chant plaintif qui vient frapper l'oreille?
Écoutez!... écoutez!... c'est la voix d'un vieillard :

>   Dormez, gens heureux de la terre,
>   Vous n'accueillez que le bonheur;
>   Lorsque j'avais une chaumière,
>   Elle s'ouvrait au voyageur.

La neige étend son linceul sur la route;
  La pluie et le vent m'ont glacé,
Et, sans pitié pour l'âge qui me voûte,
  De ce seuil on m'a repoussé...

Ces murs, témoins de votre ivresse,
Ils ont vu camper l'étranger ;
Et moi, dans les jours de détresse,
Soldat, je vins les protéger !

Dormez, gens heureux de la terre,
Vous n'accueillez que le bonheur ;
Lorsque j'avais une chaumière,
Elle s'ouvrait au voyageur.

Depuis vingt ans, sur un autre rivage,
   Mon pas errant était perdu...
Ceux que j'aimais, pour un plus long voyage,
   Hélas ! ne m'ont point attendu !...

La bise double de puissance ;
Tout disparaît sous les frimas :
Seul, oublié, sans espérance,
Le vieux soldat redit tout bas :

Dormez, gens heureux de la terre,
Vous n'accueillez que le bonheur ;
Lorsque j'avais une chaumière,
Elle s'ouvrait au voyageur.

Mon sang glacé s'arrête et m'abandonne ;
   Oui, le trépas vient m'affranchir.
Cœurs endurcis, que le ciel vous pardonne...
   Qu'un jour il se laisse fléchir !...

Demain, quand l'aube sur la ville
Déploiera son manteau vermeil,
Votre lever sera tranquille ;
Moi, je n'aurai plus de réveil.

Dormez, gens heureux de la terre,
Vous n'accueillez que le bonheur ;
Lorsque j'avais une chaumière,
Elle s'ouvrait au voyageur.

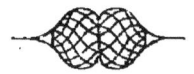

FONTAINE AUX PERLES.

Musique d'Étienne Arnaud.

Sous la feuillée humide
Se cache tout l'été
Une source limpide,
Un miroir enchanté ;
La brune moissonneuse,
Sur le flot transparent,
Y vient mystérieuse,
Riant et folâtrant,
Se mirer en chantant
Ah! a ah! ah! a ah!
Se mirer en chantant,
 A! a ah!
Se mirer en chantant.

A la fontaine aux perles,
　Pendant la moisson,
　Cachés dans le buisson,
　Les rossignols, les merles,
Disent leur plus douce chanson.
　　Ah ! ah !

　Jeanne, à l'air si timide,
　Seule venait ici
　Plonger sa cruche vide,
　S'y regarder aussi...
　Beaucoup trop de la rive
　Un jour elle approcha,
　Et glissa dans l'eau vive.
　A ses cris arriva
　Gemmy, qui la sauva,
　Ah ! a ah ! ah ! a ah !
　Oui, Gemmy la sauva,
　　Ah ! ah !
　Puis un jour l'épousa...
　　A la fontaine, etc.

De cette simple histoire
Le pays garde encor
La touchante mémoire,
Digne de l'âge d'or ;
Et quand vient la trentaine,
Filles au teint bruni

S'en vont à la fontaine,
Sous l'ombrage fleuri,
Pour trouver un mari,
Ah! a ah! ah! a ah!
Sous l'ombrage fleuri,
   Ah! ah! ah!
Pour trouver un mari.

Mais la fontaine aux perles,
  Pendant la moisson,
 N'offre dans le buisson
 Que rossignols et merles,
Disant leur plus douce chanson.
    Ah! ah!

TROÏKA.

Musique d'Anatole Cressent.

J'aime le bruit de ta clochette,
O mon traîneau, quand tu fends l'air !
Sans que jamais rien ne t'arrête,
Bravant la neige et la tempête,
Tu fuis plus vite que l'éclair !

Dieu nous voit, son regard nous protége,
Et quand j'ai mes rênes dans ma main,
Ce n'est pas l'aquilon ni la neige
Qui pourraient m'arrêter en chemin.

J'aime le bruit de ta clochette, etc.

Mieux que toi quel rapide attelage
Peut franchir et l'espace et le sol?
Quand tu pars au galop sur la plage,
L'œil a peine à te suivre en ton vol.

J'aime le bruit de ta clochette, etc.

En chantant si je vole aussi vite,
C'est que j'ai du bonheur au retour.
Sur mon cœur un cœur tendre palpite,
Et deux yeux pour mes yeux pleins d'amour.

J'aime le bruit de ta clochette,
O mon traîneau, quand tu fends l'air!
Sans que jamais rien ne t'arrête,
Bravant la neige et la tempête,
Tu fuis plus vite que l'éclair!

LA BELLE FERMIÈRE.

Musique d'Alfred Dufresne.

La belle fermière
A la tête au vent :
Triste et solitaire
On la voit souvent.
La belle fermière,
Autrefois si fière,
Regarde en rêvant
Le moulin à vent.   } (*Bis.*)

Dès que la nuit cesse,
De son pied léger
La fermière presse
Les fleurs du verger ;
Sa grâce naïve,
Pleine de pudeur,
Séduit et captive
Les yeux et le cœur.   } (*Bis.*)
    Ah ! ah ! ah !

La belle fermière
A la tête au vent, etc.

Ses regards timides,
Qu'on trouve si beaux,
Sont aussi limpides
Que l'eau des ruisseaux.
Heureux qui peut dire
Qu'il espère un jour
Dans ses grands yeux lire } *(Bis.)*
Amour pour amour!
   Ah! ah! ah!

La belle fermière
A la tête au vent, etc.

Comme le dimanche,
Elle a tous les jours
Jupe fraîche et blanche,
Corset de velours...
C'est que la pauvrette,
Depuis l'an dernier,
Adore en cachette } *(Bis.)*
Le fils du meunier.
   Ah! ah! ah!

La belle fermière
A la tête au vent, etc.

LE TRAPPISTE.

Musique de J. VIMEUX.

A l'ombre de l'autel, j'ai cru trouver des armes
Contre le souvenir des songes d'autrefois :
Cruelle erreur ! sur eux, je verse encor des larmes...
Donne-moi le courage, ô toi, le Roi des rois !
  Aux amours de la terre
  Je ne puis, ô mon père !
  Adresser mes adieux ;
  Et pourtant les alarmes,
  Les chagrins et les larmes,
  Ont leur prix dans les cieux !...
 Et pourtant les chagrins et les larmes
  Ont leur prix dans les cieux ! (*Bis.*)

Soldat à dix-huit ans, j'ai rêvé la victoire,
Fantôme décevant que poursuit tout drapeau,

Mon âme de poëte a convoité la gloire,
Fleur inconstante, hélas! qui ne croît qu'au tombeau.
  Aux amours de la terre
  Je ne puis, ô mon père!
  Adresser mes adieux;
  Et pourtant les alarmes,
  Les chagrins et les larmes,
  Ont leur prix dans les cieux!...
 Et pourtant les chagrins et les larmes
  Ont leur prix dans les cieux! (*Bis.*)

Insensé que je fus! je reniai mon âme
Pour l'amour incertain d'un ange d'ici-bas;
Et maintenant, mon Dieu! pour chasser cette flamme,
Il faut le repentir, et mon cœur ne l'a pas!
  Aux amours de la terre
  Je ne puis, ô mon père!
  Adresser mes adieux;
  Et pourtant les alarmes,
  Les chagrins et les larmes,
  Ont leur prix dans les cieux!...
 Et pourtant les chagrins et les larmes
  Ont leur prix dans les cieux! (*Bis.*)
   Oui, dans les cieux!

AU PIED DE LA CROIX.

Musique de N. Louis.

Il est au détour du chemin,
Sous l'ombrage d'un vieux sapin,
Une croix gothique, brisée,
Dont chaque jour la pierre usée
Reçoit les vœux du pèlerin.

Là, dans ma course vagabonde,
Parfois je me suis arrêté;
Là, rêveur et désenchanté,
Mon œil a parcouru ce monde
Qui joue avec l'impiété.

Là, je n'ai plus rêvé la gloire
Qui suit le drapeau du soldat;
Là, pur d'un injuste combat,
J'ai deviné que la victoire
Brille souvent d'un faux éclat.

Là, domptant de vaines alarmes,
Oubliant de perfides charmes,
Mon âme a rejeté son fiel,
Et j'ai deviné que les larmes
Doivent se compter dans le ciel.

Là, je pardonne; — là, j'espère,
Et pour tous ceux qui sur la terre
Se sont montrés sourds à ma voix,
Mon cœur répète la prière
Que l'on fait au pied de la croix..

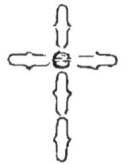

LE MONASTÈRE.

Musique de D. Fournier.

Au fond du monastère,
A l'abri des tombeaux,
Croît la fleur salutaire
Qui guérit tous les maux.

Quand je vins au couvent, jamais si fort orage
N'avait sur les mortels répandu la terreur ;
Cet ouragan pourtant, si fatal dans sa rage,
L'était moins que celui qui grondait dans mon cœur.

Au fond du monastère,
A l'abri des tombeaux,
Croît la fleur salutaire
Qui guérit tous les maux.

Que de temps il fallut à la dent du cilice
Pour user dans mon sein la chaîne du passé !
Mais, grâce à l'Éternel, j'ai fini mon supplice ;
Le démon à mes pieds est tombé terrassé.

   Au fond du monastère,
   A l'abri des tombeaux,
   Croît la fleur salutaire
   Qui guérit tous les maux.

Des passions du monde ici finit l'empire,
L'ange qui veille au seuil les repousse toujours ;
L'âme y vient abjurer sa raison en délire,
Et le cœur y dompter ses brûlantes amours.

   Au fond du monastère,
   A l'abri des tombeaux,
   Croît la fleur salutaire
   Qui guérit tous les maux.

LA BELLE LAVANDIÈRE.

Musique de Max d'Apreval.

    Lavandière,
  Il faut me voir
    Au lavoir
  De la rivière ;
Ma main du matin au soir
Ne quitte pas le battoir :
Pan, pan, pan, pan, pan, pan, pan.
    S'il s'agite,
    S'il bat vite,
Plus d'un cœur en m'écoutant
Pourrait bien en faire autant.

Dans mon état, sans quitter mon ouvrage,
Jeune et gentille, en riant et lavant,
Je puis dans l'eau contempler mon image,
Se refléter dès le soleil levant.
    Lavandière, etc.

Bras nus au vent, corbeille sur la tête,
Lorsqu'en passant je dis mon chant joyeux,
Tout cavalier en souriant s'arrête,
Puis se retourne, et me cherche des yeux.
   Lavandière, etc.

Au bord de l'onde aussitôt que j'arrive,
Le chevrier vient rêver à l'entour;
Pauvre garçon, je crois que sur la rive
Pour m'entrevoir il devance le jour.
   Lavandière, etc.

De si matin où cours-tu donc, ma fille?
Me dit ma mère en m'entendant lever;
Le ciel est sombre et l'aube à peine brille,
Il est trop tôt pour t'en aller laver.
   Lavandière,
    Il faut me voir
     Au lavoir
   De la rivière;
Ma main du matin au soir
Ne quitte pas le battoir :
Pan, pan, pan, pan, pan, pan, pan.
   S'il s'agite,
   S'il bat vite,
Plus d'un cœur en m'écoutant
Pourrait bien en faire autant.

L'AUMONIER DU BATIMENT.

Musique d'Aug. de Croisilles.

J'étais seul sur la terre,
Lorsque, dans sa bonté,
D'une famille entière
Le Seigneur m'a doté.
De marins dans la plaine
Voyez ce flot mouvant :
Vers la rive lointaine
La gloire les entraîne,
Et tous bénissent en passant
L'aumônier du bâtiment.

Au soldat qui regrette
Sa mère et son hameau,
Je montre l'épaulette
Et l'honneur du drapeau.

Mais s'il tient sa souffrance
D'un souvenir charmant,
Je parle de constance,
Je lui rends l'espérance,
Et l'amour bénit en marchant
L'aumônier du bâtiment.

Sans regrets, sans murmures,
Je les suis aux combats,
Je panse leurs blessures,
Et je soutiens leurs pas.
A cette heure dernière
Je suis leur confident,
Je reçois leur prière,
Je ferme leur paupière,
Et tous bénissent en mourant
L'aumônier du bâtiment.

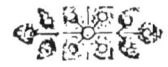

TON REGARD.

Musique d'Étienne Arnaud.

A ton regard si tendre
Mon cœur s'est laissé prendre ;
Il te faut me le rendre,
Ou me donner le tien.
Mon cœur s'est laissé prendre,
Il te faut me le rendre,
Ou me donner le tien,
    Oui, le tien,
En échange du mien.

Je le dis sans mystère,
Oublieux de la terre,
A te voir, à te plaire,
Je mets tout mon bonheur.

Je le dis sans mystère,
Oublieux de la terre,
Je mets tout mon bonheur
A posséder ton cœur.

A ton regard si tendre
Mon cœur s'est laissé prendre ;
Il te faut me le rendre,
Ou me donner le tien.
Mon cœur s'est laissé prendre,
Il te faut me le rendre,
Ou me donner le tien,
    Oui, le tien,
En échange du mien.

Celle que j'ai rêvée
Pour mon âme éprouvée,
Enfin je l'ai trouvée
Le jour où je te vis !
Celle que j'ai rêvée,
Enfin je l'ai trouvée !
Le jour où je te vis,
Mes yeux furent ravis !...

A ton regard si tendre
Mon cœur s'est laissé prendre ;
Il te faut me le rendre,
Ou me donner le tien.

Mon cœur s'est laissé prendre,
Il te faut me le rendre,
Ou me donner le tien,
    Oui, le tien,
En échange du mien.

Dans ton regard timide,
De ton âme candide
Miroir frais et limpide,
Pourrai-je lire un jour ?
Dans ton regard timide,
Miroir frais et limpide,
Ne pourrai-je un seul jour
Lire amour pour amour !...

A ton regard si tendre
Mon cœur s'est laissé prendre ;
Il te faut me le rendre,
Ou me donner le tien.
Mon cœur s'est laissé prendre,
Il te faut me le rendre,
Ou me donner le tien,
    Oui, le tien,
En échange du mien.

LA SIRÈNE DE SORRENTE.

Musique d'Étienne Arnaud.

 Près de Sorrente,
 Nuit et jour chante,
 Fille au cœur d'or,
 Un vrai trésor!
 Éva la fière
 A tout pour plaire :
 Noble beauté,
 Folle gaîté.
Son doux chant si frais, si tendre,
On voudrait toujours l'entendre!
 Qui l'écoute un seul jour
  En rêve d'amour!
  Ah! ah! ah! ah! ah!

C'est la sirène
Qui va chantant,
A! a! a! a!
La cantilène
Qu'on aime tant.

Comme elle brille,
La jeune fille,
Quand son bras rond
Prend l'aviron ;
Quand de la grève
Son chant s'élève,
Toujours joyeux,
Vers les cieux bleus!
Au bruit que fait sa gondole,
Sa voix en cadence vole
Sur les flots frais et clairs,
Parfumant les airs.
Ah! ah! etc.

Quand vient l'orage,
Sur le rivage
Elle s'enfuit.
Durant la nuit,
Sa voix plaintive
Guide à la rive,
Jeunes nochers
Loin des rochers.

A cette voix qu'on envie
Plus d'un marin dut la vie,
Mais perdit par malheur
La paix de son cœur!
Ah! ah! ah! ah! ah!
C'est la sirène
Qui va chantant,
A! a! a! a!
La cantilène
Qu'on aime tant.

LE SIGNE DE LA CROIX.

Musique de Mme la vicomtesse de GRANDVAL.

Le trésor dans la vie,
O mon enfant, pour toi
Le plus digne d'envie,
C'est une ardente foi !
Crois bien longtemps encore
En ton Ange gardien :
Du cœur pur qui l'implore
Le Ciel est le soutien.
Quand la foudre en colère
Fait retentir sa voix,
Mon enfant, il faut faire
Le signe de la croix.

Un soir, l'ardente fièvre
Plombait ton teint rosé ;

Le trépas sur ta lèvre
Semblait s'être posé.
Éplorée, éperdue,
Je priais pour tes jours,
Et je fus entendue....
Dieu vint à mon secours.
Oui, ta frêle existence,
Cher enfant, je la dois,
Du moins c'est ma croyance,
Au signe de la croix.

Le monde te réserve
Peut-être ses honneurs,
Que le ciel te préserve
De ses folles erreurs !
La meilleure science,
Prêtre, juge ou soldat,
C'est notre conscience,
Quel que soit notre état.
De la foi de tes pères
N'écoute que la voix ;
Fais toujours tes prières,
Le signe de la croix !

LA BRÈCHE-AU-DIABLE.

Musique d'Alfred Lair de Beauvais.

Voyez ce roc, par la foudre éclairé,
Dont le flanc noir et déchiré
Vous montre une large blessure :
Là, parmi les horreurs d'une sombre nature,
Un jeune ermite a demeuré.

Et tandis que sur terre
Chantait le mécréant,
Le pauvre solitaire
Unissait sa prière
Au murmure du vent.

De son repos le diable fut jaloux :
Il vint un jour, d'un air très-doux,

Pour séduire le bon ermite ;
Mais un ange le vit, qui descendit bien vite,
Et ferma le roc aux verrous.

Tandis que de colère
Satan était hurlant,
Le pauvre solitaire
Unissait sa prière
Au murmure du vent.

Alors Satan de son glaive frappa
Le vieux rocher, qui s'ébranla
Avec un bruit épouvantable....
Puis son flanc ébréché livra passage au diable,
Mais l'ermite n'était plus là !

Depuis, quand le tonnerre
Dans les airs va grondant,
Du pauvre solitaire
On entend la prière
Parmi le bruit du vent.

TA MAIN.

Musique d'Étienne ARNAUD.

Partout l'on vante
Ton œil d'azur,
Ta voix charmante,
Ton front si pur!
Mais moi j'adore,
Ange divin,
Bien plus encore
Ta blanche main,
   Ta main,   (*bis.*)
Ta blanche main!

Pourquoi cacher tes doigts d'ivoire
Sous des anneaux, vains ornements?
Ta blanche main, tu peux m'en croire,
N'a pas besoin de diamants. (*Bis.*)
   Partout l'on vante, etc.

On donnerait, dans son ivresse,
Passé, présent et lendemain,
Rêves de gloire et de jeunesse,
Pour un instant presser ta main. (*Bis.*)
    Partout l'on vante, etc.

Heureux celui dont l'âme espère
Avec ta main avoir ton cœur!
Mais c'est un vœu bien téméraire,
C'est demander trop de bonheur. (*Bis.*
    Partout l'on vante, etc.

MOI.

Musique du comte Ab. d'Adhémar.

Sais-tu qui, pour te plaire,
Pour un de tes aveux,
Oublîrait sur la terre
Ce qu'il aime le mieux?
Qui te cherche sans cesse,
Et, dans sa douce ivresse,
Ne vit plus que pour toi?
     Moi!

Ne sais-tu pas qui t'aime,
Mais d'un amour si fort,
Que cet amour suprême
Peut lui donner la mort?
Qu'il n'est en cette vie
Aucun bien qu'il envie
Tant qu'un regard de toi?
     Moi!

Sais-tu qui, sur ta trace,
Oh! bien souvent osa
Suivre et baiser la place
Où ton pied se posa?
A l'instant, sans nul doute,
Sans qu'il dise : Il m'en coûte,
Donnerait tout pour toi?
  Moi!

Près de l'autel assise,
Sais-tu qui, plein d'espoir,
Le dimanche, à l'église,
S'il peut t'apercevoir,
Qui, dans sa joie, oublie
Les Anges et Marie
Pour n'adorer que toi?
  Moi!

Si jamais on t'offense,
Mon ange, sais-tu bien
Qui prendrait ta défense
Sans avoir peur de rien?
Qui donnerait sa vie,
Oui, par la seule envie
D'être pleuré de toi?
  Moi!

TON JOLI NOM.

Musique d'Étienne ARNAUD.

Le refrain le plus tendre,
La plus douce chanson,
Sont moins doux que d'entendre
Prononcer ton doux nom,
Ton joli nom, (*bis*) ton doux nom!   (*Bis.*)

La fleur par la brise éveillée,
Que le frisson semble animer;
Le nid caché sous la feuillée,
Ont des accents pour te nommer. (*Bis.*)

Le refrain le plus tendre,
La plus douce chanson,
Sont moins doux que d'entendre
Prononcer ton doux nom,
Ton joli nom, (*bis*) ton doux nom!   (*Bis.*)

Tout cœur qui bat, tout cœur qui prie,
Dans un transport mystérieux
Redit tout bas ton nom, Marie,
Ton nom divin venu des cieux!

Le refrain le plus tendre,
La plus douce chanson,
Sont moins doux que d'entendre
Prononcer ton doux nom,
Ton joli nom, (*bis*) ton doux nom! (*Bis.*)

Au loin, en mer, la brise même
Soupire au ciel ton nom touchant,
Et le marin, pour toi qu'il aime,
Trouve en son rêve un joyeux chant. (*Bis.*)

Le refrain le plus tendre,
La plus douce chanson,
Sont moins doux que d'entendre
Prononcer ton doux nom,
Ton joli nom, (*bis*) ton doux nom! (*Bis.*)

SOYEZ HEUREUX, OUBLIEZ-MOI.

Musique d'Étienne Arnaud.

Un autre à votre sort doit s'unir pour la vie ;
Il est riche, il est noble, et je n'ai que mon cœur.
A la fortune, hélas! le monde vous convie!
Puisse-t-elle toujours faire votre bonheur !
Adieu donc sans retour, le Ciel ainsi l'ordonne ;
Reprenez vos aveux, vos serments, votre foi....
Ce que je vais souffrir, mon cœur vous le pardonne :
 Soyez heureux, oubliez-moi!

Vous avez du passé perdu la souvenance....
De nos rêves si purs, de nos plus doux projets,
D'un amour si sincère et de tant d'espérance
Que va-t-il me rester? des larmes, des regrets!
J'implore, mais en vain, le Ciel qui m'abandonne ;
Je dois, sans murmurer, me soumettre à sa loi.
Ce que je vais souffrir, mon cœur vous le pardonne :
 Soyez heureux, oubliez-moi!

Notre éternel amour, à la joie insensée,
Doit rester à jamais dans l'ombre enseveli ;
Sur moi n'arrêtez plus votre douce pensée,
Notre dernier espoir est, hélas ! dans l'oubli.
Du martyre mon front va ceindre la couronne ;
Je ne crois plus à rien : en vous seul j'avais foi !
Ce que je vais souffrir, mon cœur vous le pardonne :
　　Soyez heureux, oubliez-moi !

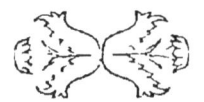

L'ÉTOILE DE LA MER.

Musique d'Albert Grisar.

Vous qui brillez au ciel, mystérieuse et pure,
 Vous dont la clarté nous rassure
 Quand la brise agite les flots,
Reverrons-nous bientôt notre ciel, notre terre?
Étoile de la mer, écoutez la prière
 Que redisent les matelots.

Des ombres de la nuit l'horizon se dégage;
 Le clocher de notre village
 Au loin apparaît dans les airs...
Étoile de la mer, protégez-nous encore,
Et nous pourrons demain embrasser à l'aurore
 Tous ceux qui nous étaient si chers!

L'un, qui pleurait le toit de son humble chaumière,
    Sur le sort de sa vieille mère
    Vous interroge soucieux,
Et vous lui répondez en votre doux langage :
« Enfant... ta mère prie, assise sur la plage ! »
    Et le matelot est joyeux...

Ici, c'est un amant qui craint et vous appelle :
    Demain trouvera-t-il fidèle
    Celle qui reçut ses adieux ?
Soudain votre clarté devient pâle et tremblante ;
L'absence fut trop longue... ou peut-être l'amante
    Est-elle avec vous dans les cieux !

LES CHEVEUX BLONDS.

Musique d'Étienne Arnaud.

Lorsque la brise errante,
   Dans son essor
Soulève frémissante
   Tes boucles d'or,
Quelle douce figure,
   Ange, réponds,
Plus fraîche et plus pure,
Eut pour sa parure
Plus beaux cheveux blonds!

En mille plis soyeux,
Comme un manteau de reine,
Laisse, ô ma souveraine,
Flotter tes blonds cheveux!

Quand sur ton cou vermeil
Fuit la tresse adorée,
On la croirait dorée,
   Oui, dorée
Aux rayons du soleil!

Lorsque la brise errante,
   Dans son essor
Soulève frémissante
   Tes boucles d'or,
Quelle douce figure,
   Ange, réponds,
Plus fraîche et plus pure,
Eut pour sa parure
Plus beaux cheveux blonds!

A nos fêtes du soir
Ta chevelure lisse,
Mon rêve et mon caprice,
Brille comme un miroir!...
Sur ton front si charmant,
Ondoyante et légère,
Cent fois je la préfère,
   Sans mystère,
Aux feux du diamant!

Lorsque la brise errante,
   Dans son essor

Soulève frémissante
   Tes boucles d'or,
Quelle douce figure,
   Ange, réponds,
  Plus fraîche et plus pure,
  Eut pour sa parure
  Plus beaux cheveux blonds !

Un jour, si ma douleur
De toi se fait comprendre,
Et si tu veux me rendre
Doux espoir et bonheur...
Donne alors en retour
De ma vive tendresse,
Et pour toute richesse,
   Une tresse
En souvenir d'amour !

Lorsque la brise errante,
   Dans son essor,
Soulève frémissante
Tes boucles d'or,
Quelle douce figure,
   Ange, réponds,
  Plus fraîche et plus pure,
  Eut pour sa parure
  Plus beaux cheveux blonds !

LE BRIN D'HERBE.

Musique d'Anatole Cressent.

Si la fleur rare et superbe
Plus que toi charme les yeux,
Frêle et modeste brin d'herbe,
Tu rayonnes pour les cieux.

Quand la brise frémissante
Vient te froisser dans son vol,
Alors, la tête tremblante,
Tu t'inclines vers le sol ;
Dans ce monde la tempête,
Sans retour souvent, crois-moi,
A fait recourber la tête
A de plus altiers que toi.

Si la fleur rare et superbe, etc.

La saison qui te voit naître,
Et t'élever et fleurir,
Avec elle aussi peut-être
Te verra bientôt mourir.
Ainsi que toi toute chose
Sur terre a même destin :
Où l'espérance est éclose,
Se récolte le chagrin.

Si la fleur rare et superbe, etc.

Quand sur toi l'aube posée
Épand ses douces lueurs,
Ce qu'on prend pour la rosée,
Ne seraient-ce pas tes pleurs?
Console-toi, les alarmes
Laissent l'espoir en retour;
Dieu, qui voit briller nos larmes,
Nous en tiendra compte un jour.

Si la fleur rare et superbe
Plus que toi charme les yeux,
Frêle et modeste brin d'herbe,
Tu rayonnes pour les cieux.

LE GARDE FRANÇAISE.

Musique de Victor MASSÉ.

Je suis garde française,
J'ai pour folles amours
Gentille Aragonaise
Aux longs cils de velours!
Je suis garde française,
    Et toujours   (*Bis.*)
Heureux dans mes amours.

Au sortir de la messe,
En corset rose et noir,
A mon bras qu'elle presse
Je suis fier de l'avoir.
La foule, je le jure,
Se groupe autour de nous,
Admire sa tournure,   (*Bis.*)
Son regard tendre et doux. (*Bis.*)

Je suis garde française, etc.

Le matin, quand je passe
D'un air preste, joyeux,
Elle quitte sa glace
Pour me suivre des yeux.
Dès qu'on bat la retraite,
Je puis être certain
Que son œil qui me guette   (*Bis.*)
Dit encore : A demain.   (*Bis.*)

Je suis garde française, etc.

Nul ne garde en soi-même
Un espoir indiscret ;
Chacun sait que je l'aime,
Et l'admire en secret.
J'ai la main ferme, leste,
Je ferais à l'instant
Payer cher, je l'atteste,   (*Bis.*)
Un regard insolent.   (*Bis.*)

Je suis garde française,
J'ai pour folles amours
Gentille Aragonaise
Aux longs cils de velours !
Je suis garde française,
   Et toujours   (*Bis.*)
Heureux dans mes amours.

LA REINE DES FLEURS.

Musique de MASINI.

Ces rives fleuries
Sont mes seuls amours ;
Parmi ces prairies
Je coule mes jours.

Là je suis belle,
Et des moissonneurs
La troupe m'appelle
La reine des fleurs !

Je fais ma couronne
De bouquets nouveaux,
Et je mets mon trône
Au bord de ces eaux.

Là règnent sans cesse
Parfums enchanteurs :
La brise caresse
La reine des fleurs !

Je vais, comme l'onde,
Au gré du plaisir ;
Des bonheurs du monde
Je n'ai nul désir.

J'y serais peut-être
La reine des cœurs ;
Mais j'aime mieux être
La reine des fleurs !

LES DEUX CHAGRINS.

Musique d'Albert GRISAR.

Quand au printemps le vallon, la prairie,
Les champs, les bois vont renaître et fleurir,
Être éloigné de sa belle patrie,
   C'est un chagrin qui fait souffrir!

Être banni de sa terre natale,
Et sans espoir d'y jamais revenir,
C'est une peine, hélas! que rien n'égale,
   C'est un chagrin qui fait mourir!

Être oublié de son ami d'enfance,
Lorsqu'on garda toujours son souvenir,
C'est pour le cœur une cruelle offense,
   C'est un chagrin qui fait souffrir!

N'avoir aimé qu'une fois en ce monde,
Et pour se voir délaisser et trahir,
C'est pour la vie une peine profonde,
 C'est un chagrin qui fait mourir !

Être privé dans sa belle jeunesse
De frais enfants, espoir de l'avenir,
C'est un regret pour toute la vieillesse,
 C'est un malheur qui fait souffrir !

Dans ses vieux ans, pour une pauvre mère,
Voir son cher fils chaque jour dépérir,
Puis errer seule après lui sur la terre,
 C'est un chagrin qui fait mourir !

L'ALOUETTE.

Musique d'Étienne Arnaud

Alouette légère,
Si joyeuse aux beaux jours,
Loin des bruits de la terre
Tu chantes tes amours !
Dès que l'aube étincelle,
J'aime à suivre des yeux,
Vers la voûte éternelle,
Ton essor radieux !

Sur les rives lointaines
Tu ne t'exiles pas ;
Tu braves dans nos plaines
L'hiver et les frimas.
Et, quelque temps qu'il fasse,
Ténébreux ou serein,
Je te vois, dans l'espace,
Saluer le matin.

Alouette légère,
Si joyeuse aux beaux jours
Loin des bruits de la terre
Tu chantes tes amours!
Dès que l'aube étincelle,
J'aime à suivre des yeux,
Vers la voûte éternelle,
Ton essor radieux!

Ta chanson si naïve,
Qu'en rêvant je surprends,
M'attire et me captive
Sitôt que je l'entends.
Ta voix, si consolante
En tout temps, en tout lieu,
Pleine de ferveur, chante
Les louanges de Dieu.

Alouette légère,
Si joyeuse aux beaux jours,
Loin des bruits de la terre
Tu chantes tes amours!
Dès que l'aube étincelle,
J'aime à suivre des yeux,
Vers la voûte éternelle,
Ton essor radieux!

En ouvrant ta paupière,
Loin des ombres du sol,

Au foyer de lumière,
Frêle oiseau, prends ton vol.
Nul bonheur en ce monde
N'est constant ni réel;
L'allégresse profonde
N'habite que le ciel!

Alouette légère,
Si joyeuse aux beaux jours,
Loin des bruits de la terre
Tu chantes tes amours!
Dès que l'aube étincelle,
J'aime à suivre des yeux,
Vers la voûte éternelle,
Ton essor radieux!

SOUPIRS.

Musique du comte Ab. d'Adhémar.

Mon cœur, brisé par ton absence,
Pourtant le même est demeuré;
Pardonne-moi si je t'offense,
Avant de rompre le silence
J'ai tant souffert, j'ai tant pleuré !

Mon Dieu ! ma douleur insensée
Te prouve assez que je l'aimais ;
Lorsque lui seul a ma pensée,
Il a pris une fiancée
Et m'abandonne pour jamais !

Je le sens, ma raison s'égare :
C'est trop souffrir, et je mourrai !
De bonheur la terre est avare.
Puisqu'ici-bas tout nous sépare,
Au ciel, du moins, je l'attendrai !

LE BANDOLERO.

Musique du comte Ab. d'Adhémar.

Plus d'un grand roi doit sa noble couronne
Aux droits usés de vieille hérédité ;
Mais moi, Bandolero, le droit qui me la donne,
C'est mon audace et ma fierté.

> Toute place
> Où je passe,
> Tête basse,
> Par ma foi,
> L'on s'incline ;
> A ma mine
> On devine
> Que c'est moi !

A mes trésors les grands portent envie,
De ma puissance ils craignent les effets ;

Vrai Dieu ! si pour la mienne il fallait une vie,
J'aurais celle de mes sujets.

>Toute place
>Où je passe,
>Tête basse,
>Par ma foi,
>L'on s'incline ;
>A ma mine
>On devine
>Que c'est moi !

Je n'ai, c'est vrai, dans nos riches Espagnes,
Ni château fort, ni royale cité,
Mais je respire l'air de mes saines montagnes,
Et j'y peux vivre en liberté !

>Toute place
>Où je passe,
>Tête basse,
>Par ma foi,
>L'on s'incline ;
>A ma mine
>On devine
>Que c'est moi !

L'ADIEU DE L'ESPOIR.

Musique de Ch. Delioux.

Ne me fais plus entendre
Ce triste mot d'adieu ;
En tout temps, en tout lieu,
Au revoir est plus tendre ;
Pour notre âme, au revoir,
C'est l'adieu de l'espoir.

Entre un départ qu'un jour efface
Et le retour si cher au cœur,
Pour un chagrin, pour un malheur,
Il reste encore assez de place.

Ne me fais plus entendre
Ce triste mot d'adieu ;

En tout temps, en tout lieu,
Au revoir est plus tendre;
Pour notre âme, au revoir,
C'est l'adieu de l'espoir.

Se séparer lorsque l'on s'aime,
Quand même on doit se retrouver,
A chaque instant fait éprouver
Pressentiment, tristesse extrême.

Ne me fais plus entendre
Ce triste mot d'adieu;
En tout temps, en tout lieu,
Au revoir est plus tendre;
Pour notre âme, au revoir,
C'est l'adieu de l'espoir.

Quelles terreurs, quelles alarmes
Troublent celui qui doit partir!
L'adieu s'éteint dans un soupir,
L'adieu s'écrit avec des larmes.

Ne me fais plus entendre
Ce triste mot d'adieu;
En tout temps, en tout lieu,
Au revoir est plus tendre;
Pour notre âme, au revoir,
C'est l'adieu de l'espoir.

LE CATÉRAN.

Musique du comte Ab. d'Adhémar.

Ce soir, j'ai vu de ma chaumière
La porte voler en éclats,
J'ai vu traîner ma vieille mère
Par d'impitoyables soldats...

   Ils ont frappé ma mère,
   Le seuil de ma chaumière   (*Bis.*)
   S'est rougi de son sang.
   Ah! mais si je regagne
   Mes bois et ma montagne,
Qu'ils prennent garde au Catéran!   (*Bis.*)

J'ai vu de fers mes mains chargées,
Et vu mes jours mis en danger,
Ma femme et ma fille outragées,
Et moi, je n'ai pu les venger!...

   Ils ont frappé, etc.

Dans mes veines mon sang se glace,
De ma fille que j'aimais tant,
Soldats maudits, à cette place
Voyez le cadavre sanglant.

 O ma fille si chère,
  Le seuil de ma chaumière, (*Bis.*)
 S'est rougi de ton sang !
 Ah ! mais que je regagne
 Mes bois et ma montagne,
Qu'ils prennent garde au Catéran ! (*Bis.*)

JOLIETTE.

Musique du comte Ab. d'Adhémar.

    Jeune fille
    Dont l'œil brille,
    Aussi pur
    Que l'azur ;
    Joliette,
    Si coquette,
    Que toujours
Dieu veille sur tes jours !

    Toute reine,
    Mais sans peine,
Laisserait puissance et trésor,
    En échange,
    Mon bel ange,
Du ciel pur de ton âge d'or !

    Jeune fille, etc.

La couronne
Que Dieu donne
A ton front candide et charmant
Étincelle
Bien plus belle
Pour les yeux que le diamant.

Jeune fille, etc.

Bien heureuse,
Plus joyeuse
Que la fauvette dans les bois,
Fais entendre
Ta voix tendre...
J'aime tant ta gentille voix !

Jeune fille, etc.

Dieu réclame
Ta jeune âme...
Son regard plane sur ton cœur ;
Il inspire
Ton sourire,
Ta céleste et chaste candeur.

Jeune fille
Dont l'œil brille
Aussi pur

Que l'azur ;
Joliette,
Si coquette,
Que toujours
Dieu veille sur tes jours !

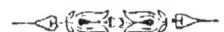

LA MÈRE DU RÉFRACTAIRE.

Musique de DE BRAY.

Comment! vous oseriez, jusque dans sa chaumière,
Menacer une femme et lui ravir son fils!
Et les pleurs et les cris de sa tremblante mère
N'auront rien pu sur vous, soldats, bourreaux, maudits!

Plutôt que de se battre un jour contre des frères,
S'il vous quitta, dit-on, eh bien, ce sont mes torts!
C'est moi qui l'ai voulu; mes pleurs et mes prières,
Voilà les séducteurs du déserteur du corps!

Comment! vous oseriez, etc.

On ne m'écoute pas, mon Dieu! que vont-ils faire?
Quoi! vous me l'arrachez, vous voulez me tenir?
Laissez-le donc du moins dire à sa vieille mère
Qu'il lui pardonne bien... que je puisse mourir!

Comment! vous oseriez, etc.

Le tambour, le tambour... je n'y peux rien comprendre...
Et puis plus rien... plus rien... ils commandent le feu.
Ah! mon Dieu! mais quel cri! quel bruit viens-je d'entendre?
Ce cri, mon fils, est-il un éternel adieu?

Comment! vous oseriez, presque dans sa chaumière,
Menacer une femme et lui ravir son fils!
Et les pleurs et les cris de cette pauvre mère,
N'auront rien pu sur vous, soldats, bourreaux, maudits!

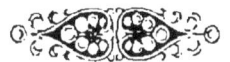

GABAO LE NOIR.

Musique du Cte Ab. d'Adhémar.

    O maître, qui m'avez jeté
      Dans le troupeau de vos esclaves,
    Prenez pitié, pitié de mes entraves,
      Et rendez-moi la liberté!   (*Bis.*)

J'étais heureux et libre au toit de ma chaumière,
A mes sables de feu je bornais l'univers :
Mais vous êtes venu nous déclarer la guerre,
Et vous m'avez ravi, sans pitié pour ma mère,
    Qui voulait partager mes fers!   (*Bis.*)
Et vous m'avez ravi, sans pitié pour ma mère,
    Qui voulait partager mes fers!

    O maître, etc.

Et vous m'avez traîné sur ces rives lointaines,
Où pour vous mon front noir est baigné de sueur...
Je souffre, et nulle main ne soulève mes chaînes,
Nul regard, en passant, n'a pitié de mes peines
      Et ne me parle de bonheur!   (*Bis.*)
Nul regard, en passant, n'a pitié de mes peines,
      Et ne me parle de bonheur!

    O maître, etc.

Oh! peut-être qu'un jour l'heure de nos vengeances
Sonnera dans ces lieux; elle y sonna jadis;
Alors, cruels tyrans, vous paîrez vos offenses!
Mais non, soyez sans peur: moi, malgré mes souffrances,
      Je ne vous ai jamais maudits!   (*Bis.*)
Mais non, soyez sans peur: moi, malgré mes souffrances,
      Je ne vous ai jamais maudits!

    O maître, qui m'avez jeté
    Dans le troupeau de vos esclaves,
Prenez pitié, pitié de mes entraves,
    Et rendez-moi la liberté!   (*Bis.*)

BONHEUR PASSÉ.

Musique de Max d'Apreval.

Je n'oublierai jamais que vous m'aimiez,
    Que votre main pressait la mienne,
Et que tremblante alors vous me disiez :
    Mon âme est la sœur de la tienne !
    Passé plus doux que l'avenir,
Mon cœur est plein de ton frais souvenir !

Le temps n'est plus où nos tourments finis
    Avaient fait place à la croyance,
Où nos deux cœurs, par nos serments unis,
    Vivaient de la même espérance.
    Passé plus doux que l'avenir,
Mon cœur est plein de ton doux souvenir !

Je viens encor parfois ici m'asseoir,
  Où nous étions heureux ensemble;
Et quand je songe à nos rêves d'espoir,
  Mon cœur attristé pleure et tremble.
  Passé plus doux que l'avenir,
Mon cœur est plein de ton frais souvenir!

BERNERETTE.

Musique de Ph. DE BRAY.

> Je suis Bernerette,
>   J'ai, dit-on,
> L'air doux et mignon ;
> Sans être coquette,   (*Bis.*)
> Je tourne la tête
> A tout le canton.
> Gentille Bernerette,
>   Sans être coquette,
>   Je tourne la tête
>   A tout le canton.

> Des rêves de ma vie
> Rien ici ne trouble encore le cours ;
>   Tous les biens que j'envie,
>   Dieu les donne à mes jours.

Aussitôt que je chante,
On écoute, et l'on vante
   Tout à la fois
Les accents que sait prendre
   Ma douce voix,
Si limpide et si tendre ;
J'entends partout vanter ma voix.

   Je suis Bernerette,
      J'ai, dit-on,
   L'air doux et mignon ;
   Sans être coquette,   (*Bis.*)
   Je tourne la tête
   A tout le canton.
Gentille Bernerette,
   Sans être coquette,
   Je tourne la tête
   A tout le canton.

Partout, dès que j'arrive,
J'entends sur moi mille propos flatteurs ;
   On dit que je captive
   Les regards et les cœurs.
   De plaire et d'être aimable
   Suis-je vraiment coupable ?
      Dans sa bonté,
   Si Dieu donne sur terre
      Grâce et beauté,

N'est-ce donc pas pour plaire ?
Je plais toujours par ma gaîté.

Je suis Bernerette,
　J'ai, dit-on,
L'air doux et mignon ;
Sans être coquette,　　(*Bis.*)
Je tourne la tête
A tout le canton.
Gentille Bernerette,
　Sans être coquette,
　Je tourne la tête
　A tout le canton.

Je puis sembler légère,
Oui, j'en conviens, mais sans l'être, je crois ;
Mon cœur, tendre et sincère,
N'aimera qu'une fois.
Je me ris des paroles
Flatteuses mais frivoles.
　Beaux cavaliers
Au séduisant langage,
　Sont tous légers
Et prodigues d'hommage.
Beaux cavaliers sont trop légers !

Je suis Bernerette,
　J'ai, dit-on,

L'air doux et mignon ;
Sans être coquette,
Je tourne la tête
A tout le canton.
Gentille Bernerette,
Sans être coquette,
Je tourne la tête
A tout le canton.

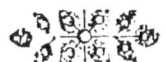

ÉTOILE DU SOIR.

Musique d'Auguste Morel.

Dès que le jour s'efface,
Je viens ici m'asseoir;
Je te suis dans l'espace,
Blanche étoile du soir.

Qu'il est doux pour mon âme
De contempler la nuit
Ta pâle et chaste flamme,
Qui vers Dieu me conduit.
Quand vers le ciel s'élève
Mon cœur triste et pieux,
Calme, il espère et rêve,
De la terre oublieux.   } (*Bis.*)

Dès que le jour s'efface,
Je viens ici m'asseoir;

Je te suis dans l'espace,
Blanche étoile du soir.

Tandis que ma prière
Pour lui s'adresse à toi,
Son âme tout entière
Est-elle encore à moi?
Je t'invoque en silence,
Mon regard soucieux
De la terre s'élance
En tremblant vers les cieux. } *(Bis.)*

Dès que le jour s'efface,
Je viens ici m'asseoir;
Je te suis dans l'espace,
Blanche étoile du soir.

Souvent je te vois naître,
Étoile au front d'argent;
Rêveuse à ma fenêtre,
L'aube encor me surprend.
Oui, je maudis l'aurore,
Qui t'enlève à mes yeux;
Toi seule peux encore
Recevoir mes aveux. } *(Bis.)*

Dès que le jour s'efface,
Je viens ici m'asseoir;
Je te suis dans l'espace,
Blanche étoile du soir.

LA BLONDE AUX YEUX NOIRS.

Musique d'Auguste Morel.

Vierge pâle ou brune,
Je n'en sais pas une,
Rêveuse le soir
Devant son miroir,
Plus divine au monde
Que Sarah la blonde,
La blonde à l'œil noir.   (*Bis.*)

Son seul regard tourne la tête
Et fléchit les plus orgueilleux.
Pour elle il n'est que rêve et fête,
Beauté, jeunesse, espoir, aveux.

Vierge pâle ou brune,
Je n'en sais pas une,

Rêveuse le soir
Devant son miroir,
Plus divine au monde
Que Sarah la blonde,
La blonde à l'œil noir. (*Bis.*)

Lorsque le soir glisse la moire
De son épaule à ses genoux,
Que son bras nu passe l'ivoire
Dans ses cheveux souples et doux :

Vierge pâle ou brune,
Je n'en sais pas une,
Rêveuse le soir
Devant son miroir,
Plus divine au monde
Que Sarah la blonde,
La blonde à l'œil noir. (*Bis.*)

Pour deviner qu'elle nous aime,
On braverait, sur mon honneur,
Mille dangers, le trépas même,
Sans un soupir, l'ivresse au cœur !

Vierge pâle ou brune,
Je n'en sais pas une,
Rêveuse le soir

Devant son miroir,
Plus divine au monde
Que Sarah la blonde,
La blonde à l'œil noir.   (*Bis.*)

LA BOUCLE DE CHEVEUX.

Musique d'Auguste Morel.

    Boucle de cheveux,
    Trésor précieux,
    Avec quelle ivresse
    La nuit et le jour
    Ma lèvre te presse !
    Boucle enchanteresse,
    Gage de tendresse,
    D'espoir et d'amour !

De cette douce nuit de fête
Je me souviens avec bonheur,
Où, rayonnante sur sa tête,
Je t'admirais dans ta splendeur ;
De cette douce nuit de fête,
Je me souviens avec bonheur.

Boucle de cheveux,
Trésor précieux,
Avec quelle ivresse
La nuit et le jour
Ma lèvre te presse !
Boucle enchanteresse,
Gage de tendresse,
D'espoir et d'amour !

Durant le bal, boucle soyeuse,
Quand tu voilais son fier regard,
Sa main petite et gracieuse
Te rejetait à tout hasard ;
Sa main petite et gracieuse
Te rejetait libre et sans art.

Boucle de cheveux,
Trésor précieux,
Avec quelle ivresse
La nuit et le jour
Ma lèvre te presse !
Boucle enchanteresse,
Gage de tendresse,
D'espoir et d'amour !

Ah ! qui m'eût dit qu'à ma demande
Elle voudrait un jour céder !
Boucle adorée, ô chère offrande,
Que je pourrais te posséder !

Boucle de cheveux,
Trésor précieux,
Avec quelle ivresse
La nuit et le jour
Ma lèvre te presse !
Boucle enchanteresse,
Gage de tendresse,
D'espoir et d'amour !

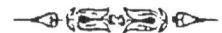

LA BELLE JARDINIÈRE.

Musique d'Avelino Valenti.

Dans cet enclos en fleur
Tout rempli de lumière,
Suivez des yeux, du cœur,
La belle jardinière. *(Bis.)*

Alerte, en jupon court,
Près de l'onde qui brille,
Voyez comme elle court,
La frêle jeune fille ;
Que l'ange, de sa main,
Écoutant ma prière,
Préserve de chagrin
La belle jardinière.

Dans cet enclos en fleur
Tout rempli de lumière,
Suivez des yeux, du cœur,
La belle jardinière. *(Bis.)*

Pour elle, en la saison,
Que l'eau du ciel arrose
Une riche moisson
Sur chaque tige éclose.
Toujours à pleine main
Qu'elle cueille, bien fière,
Lis, pervenche et jasmin,
La belle jardinière.

Dans cet enclos en fleur
Tout rempli de lumière,
Suivez des yeux, du cœur,
La belle jardinière. } (*Bis.*)

Son œil de l'indigent
N'évite pas la route,
Son cœur tendre l'attend,
Le console et l'écoute.
Heureux qui tend la main,
Poussé par la misère,
S'il trouve en son chemin
La belle jardinière !

Dans cet enclos en fleur
Tout rempli de lumière,
Suivez des yeux, du cœur,
La belle jardinière. } (*Bis.*)

VOUS DEMANDEZ SI JE VOUS AIME?

Musique d'Auguste Morel.

Vous demandez si je vous aime?
Mais mon bonheur quand je vous voi,
Quand vous partez ma peine extrême,
Vous l'ont appris bien mieux que moi.
Mais mon bonheur quand je vous voi, (*Bis.*)
Quand vous partez ma peine extrême,
Vous l'ont appris bien mieux que moi. (*Bis.*)

L'amour pour l'homme est un caprice;
La femme, hélas! presque toujours
Donne à l'amour avec délice
Son cœur, son âme et ses beaux jours. } (*Bis.*)

Vous demandez si je vous aime?
Mais mon bonheur quand je vous voi,
Quand vous partez ma peine extrême,
Vous l'ont appris bien mieux que moi.
Mais mon bonheur quand je vous voi,   (*Bis.*)
Quand vous partez ma peine extrême,
Vous l'ont appris bien mieux que moi.   (*Bis.*)

Mon désespoir et mes alarmes
Furent longtemps connus de Dieu :
Mes yeux étaient remplis de larmes   } (*Bis.*)
Lorsqu'il fallait vous dire adieu !

Vous demandez si je vous aime?
Mais mon bonheur quand je vous voi,
Quand vous partez ma peine extrême,
Vous l'ont appris bien mieux que moi.
Mais mon bonheur quand je vous voi,   (*Bis.*)
Quand vous partez ma peine extrême,
Vous l'ont appris bien mieux que moi.   (*Bis.*)

Quand notre cœur, nous, pauvres femmes,
Vous aime comme on aime aux cieux,
Quand nous aimons avec nos âmes,   } (*Bis.*)
Vous, vous n'aimez qu'avec vos yeux.

Vous demandez si je vous aime?
Mais mon bonheur quand je vous voi,

Quand vous partez ma peine extrême,
Vous l'ont appris bien mieux que moi.
Mais mon bonheur quand je vous voi,   (*Bis.*)
Quand vous partez ma peine extrême,
Vous l'ont appris bien mieux que moi.   (*Bis.*)

L'OCÉAN.

Musique d'Auguste Morel.

Sur cette immense grève,
Voici venir la nuit,
La brise, qui se lève,
Tourbillonne et s'enfuit ;
A sa voix grande et pure
J'ose mêler ma voix
Pour la dernière fois,
Et la brise murmure :

Où donc vas-tu, pêcheur ?
C'est ici le bonheur.

Les algues fugitives,
Pauvres fleurs sans amour
Que la mer sur ses rives
Vient jeter chaque jour,

De leur parfum sauvage
M'ont enivré parfois;
Pour la dernière fois
Je les vois sur la plage.

Où donc vas-tu, pêcheur?
C'est ici le bonheur.

L'oiseau qui dans l'espace
Jette son cri plaintif,
La nacelle qui passe
Avec un bruit furtif;
La vague grande et forte
Qui meurt sous le rocher,
Tout semble m'arracher
Au destin qui m'emporte!

Où donc vas-tu, pêcheur?
C'est ici le bonheur.

DIEU.

Air de Lwoff.

Dieu puissant, immortel,
Notre seul maître,
Honneur et gloire à ton règne éternel !
Que dans les cœurs la foi
Brille, pénètre,
Et l'univers suive ta loi.

Prends pitié de nos maux ;
Que ton œil sonde
L'immense abîme où sont tous les fléaux.
Dieu d'amour, de bonté,
Pardonne au monde,
Et rends-lui la prospérité !

Dieu, que tes ennemis
Par ta lumière

Tombent frappés, éblouis et soumis !
Protége tes enfants,
Que de la guerre
Ils reviennent triomphants !

MA FRÉGATE.

Musique d'Alfred Dufresne.

Ma frégate chérie,
Je t'admire toujours ;
N'es-tu pas ma patrie,
Mes dernières amours ?
Vogue donc où nous mène
Dieu, qui veille sur moi !
Je suis ton capitaine,   *(Bis.)*
Et je n'aime que toi,
   Oui, que toi.

Lorsque la mer limpide et pure
Reflète un nuage vermeil,
Rien n'est si beau que ta voilure,
Que frappe les feux du soleil.   *(Bis.)*

Ma frégate chérie, etc.

A bord je vois la nuit sans voiles
Illuminer l'Océan bleu,
Le flot clair, miroir des étoiles,
Les étoiles, regards de Dieu ! (*Bis.*)

Ma frégate chérie, etc.

Ah ! que je t'aime, ô ma frégate,
Sur l'ennemi quand, à ma voix,
Ta foudre brille, tonne, éclate,
Et partout le frappe à la fois ! (*Bis.*)

Ma frégate chérie,
Je t'admire toujours ;
N'es-tu pas ma patrie,
Mes dernières amours ?
Vogue donc où nous mène
Dieu, qui veille sur moi !
Je suis ton capitaine, (*Bis.*).
Et je n'aime que toi,
   Oui, que toi.

POMPONETTE.

Musique de C. DE SAINT-JULIEN.

Je suis Pomponette,
J'ai fait la conquête
D'un royal-tambour.
Gentille fillette,
Ma main si coquette
Mène à la baguette
Qui veut en cachette
Me parler d'amour.

Dès que l'aube vient à renaître,
Pour l'entrevoir, à ma fenêtre
Si parfois je cours me mettre,
Son œil brillant de loin cherche le mien ;
En soupirant, vers ma mansarde
Il se retourne, me regarde,
Comme le soleil il me darde :

Il a mon cœur, et j'ai le sien
Depuis longtemps, en échange du mien.

　　Je suis Pomponette, etc.

Premier amour charme la vie,
Et je n'ai dans mon âme ravie
D'autre croyance et d'autre envie
Que d'être aimée autant que je le suis.
　D'une tendresse sans égale,
　Je suis douce et sentimentale,
　Mais... si j'ai jamais de rivale,
　Partout et toujours je la suis ;
Pour me venger, vrai Dieu ! je la poursuis.

　　Je suis Pomponette, etc.

Quand près de moi je le consigne,
A mon caprice il se résigne,
Et m'obéit au moindre signe ;
Quand ma voix gronde, il me parle tout bas...
　Rarement dans notre ménage
　Il s'élève le moindre orage ;
　Si parfois on y fait tapage,
　C'est moi qui sais le mettre au pas :
Je frappe fort, et ne plaisante pas !

　　Je suis Pomponette, etc.

LE COEUR BRISÉ.

Musique de Max d'Apreval.

Je me souviens comme d'un rêve,
Qui sans espoir s'est effacé,
De votre amour que Dieu m'enlève,
Des jours heureux de mon passé.
Vos lettres si pleines de charmes,
Que je reçus quand vous m'aimiez,
Pour qu'aujourd'hui vous les lisiez, } (*Bis.*)
Je vous les rends avec mes larmes.

Voici la sombre et verte allée
Où, l'an dernier, souvenez-vous,
Par une nuit tout étoilée,
Vous trembliez à mes genoux.
Songeant encor à moi, j'espère,
Vous reviendrez seul en ce lieu,
Triste et rêveur, y prier Dieu, } (*Bis.*)
Lorsque j'aurai quitté la terre.

A chaque instant mon cœur s'oppresse,
Vous le voyez, et cependant,
Malgré ma peine et ma tristesse,
Moi, je vous aime encor autant !
Puisqu'à vos yeux une autre est belle,
Épargnez-lui du moins mes pleurs,
Et quand pour vous je souffre et meurs, ⎫
Soyez heureux, vivez pour elle ! ⎭ (*Bis.*)

CHANSON VÉNITIENNE.

Musique de F. de Flotow.

Sur la brise légère
Quand, montant vers les cieux,
Les parfums de la terre
S'en iront de ces lieux
Avec notre prière,
Encens mystérieux,
Sous mon balcon sa rapide nacelle
Le conduira sans bruit.
L'étoile enfin dans les cieux étincelle.
Doux instant de bonheur, voici la nuit!

Lorsque des barcarolles
Le refrain s'éteindra,
Lorsqu'autour des gondoles
La rame tombera,

Et que sous ses coupoles
Venise dormira,
Sous mon balcon sa rapide nacelle
Le conduira sans bruit.
L'espoir enfin dans mon cœur étincelle,
Je l'entends... oui, c'est lui, c'est bien lui !

Dans ma trompeuse attente,
Quel cruel désespoir,
Mon Dieu, que l'heure est lente
Quand, hélas ! pour te voir,
Il faut, triste et souffrante,
Attendre jusqu'au soir !
Sous mon balcon, oui, je vois ta nacelle,
Le ciel bénit ma foi.
L'espoir enfin dans mon cœur étincelle,
Je t'entends... ah ! c'est toi, c'est bien toi !

PEUT-ON VOUS VOIR SANS VOUS AIMER?

Musique de Ch. Delioux.

Vous avez tout pour nous séduire,
Nous inspirer et nous charmer;
Peut-on vous voir sans vous le dire,
Peut-on vous voir sans vous aimer?
Vous avez tout pour nous séduire,
Peut-on vous voir sans vous aimer?

Quand votre voix fraîche et touchante
Le soir ondule au sein des airs,
Le cœur s'émeut, l'âme est contente,
Elle s'abreuve à vos concerts.

Vous avez tout pour nous séduire,
Nous inspirer et nous charmer;

Peut-on vous voir sans vous le dire,
Peut-on vous voir sans vous aimer?
Vous avez tout pour nous séduire,
Peut-on vous voir sans vous aimer?

Dès qu'on l'entend, votre nom même
Soudain se grave au fond du cœur;
Avec amour vraiment on l'aime,
On le prononce avec bonheur.

Vous avez tout pour nous séduire,
Nous inspirer et nous charmer;
Peut-on vous voir sans vous le dire,
Peut-on vous voir sans vous aimer?
Vous avez tout pour nous séduire,
Peut-on vous voir sans vous aimer?

Le ciel vous fit la plus charmante
Qui soit sur terre et dans les cieux,
En amitié la plus constante,
Et la moins vaine de ses yeux.

Vous avez tout pour nous séduire,
Nous inspirer et nous charmer;
Peut-on vous voir sans vous le dire,
Peut-on vous voir sans vous aimer?
Vous avez tout pour nous séduire,
Peut-on vous voir sans vous aimer?

LE PÊCHEUR DE LA COTE.

Musique d'Yradier.

A la lueur de l'étoile
Que l'aube pâlit dans l'eau,
Lorsque je mets à la voile,
Dieu dirige mon bateau.
Dès que je mets à la voile,
Dieu dirige mon bateau.
Gai pêcheur de cette côte,
L'espoir toujours est mon hôte ;
En chantant, fier et content,
  Moi je vis sans tourment.

L'azur du ciel en nuage
Il est vrai, peut se changer ;
Oui, mais si je fais naufrage,
Dieu viendra me protéger.

Si jamais je fais naufrage,
Dieu viendra me protéger.
Gai pêcheur de cette côte,
L'espoir est toujours mon hôte ;
En chantant mon doux refrain,
  Moi je vis sans chagrin.

J'aime à livrer à la brise
Un chant que je dis souvent,
Qu'une jeune fille éprise
De loin répète en rêvant.
Qu'une jeune fille éprise
De loin répète en rêvant.
Gai pêcheur de cette côte,
L'espoir est toujours mon hôte ;
Moi je vis au jour le jour,
  En chantant mon amour.

LA GLYCINE.

Musique d'Eugène Aumont.

    Le papillon frêle,
    Au vol frémissant,
    Frôle de son aile
    Ton front ravissant.   (*Bis.*)

O ma glycine charmante,
Tu seras toujours, toujours,
Doux espoir de l'âme aimante,
Et la reine des beaux jours.

    La brise caresse
    Tes grappes en fleur,
    Et ma sœur te presse
    Parfois sur son cœur. (*Bis*)

O ma glycine charmante,
Tu seras toujours, toujours,
Doux espoir de l'âme aimante,
Et la reine des beaux jours.

  Tes boutons peut-être
  Encadrent, l'été,
  L'étroite fenêtre
  Où vient ma beauté. (*Bis.*)

O ma glycine charmante,
Tu seras toujours, toujours,
Doux espoir de l'âme aimante,
Et la reine des beaux jours

AMOUR PASSÉ.

Musique d'Auguste Morel.

Tu ne pouvais autrefois, même une heure,
Me disais-tu, te séparer de moi ;
Et maintenant je regrette et je pleure
Les jours heureux où j'étais tout pour toi.
Amour passé, qui n'es qu'un souvenir,
Hélas ! pourquoi ne peux-tu revenir ?

Ton cœur jadis était mon espérance,
Et maintenant un autre a ton amour ;
Ton âme perd jusqu'à la souvenance
De ses serments, oubliés en un jour.
Amour passé, qui n'es qu'un souvenir,
Hélas ! pourquoi ne peux-tu revenir ?

Sans toi sur terre il n'est rien qui m'enivre ;
Je puis te fuir, mais t'oublier, jamais !
Je donnerais ce qu'il me reste à vivre
Pour un seul jour du temps où tu m'aimais.
Amour passé, qui n'es qu'un souvenir,
Hélas ! pourquoi ne peux-tu revenir ?

LA REINE DES BOIS.

Musique de Max d'Apreval.

Je suis la reine des bois,
   Je fais à mon choix
  Mon sceptre et ma couronne
  Des fleurs que Dieu me donne
Je suis la reine des bois.

Lorsque sur l'aride plaine
Le soleil plane l'été,
Dans les bois je me promène,
Sans crainte pour ma beauté.
La chaleur effleure à peine
Mon front alors abrité.

Je suis la reine des bois,
   Je fais à mon choix
  Mon sceptre et ma couronne
  Des fleurs que Dieu me donne;
Je suis la reine des bois.

L'arbre m'offre sa verdure,
L'herbe ses épais gazons,
Le ruisseau son onde pure,
La fleur ses exhalaisons,
Et la brise son murmure,
Plein de si douces chansons !

Je suis la reine des bois,
   Je fais à mon choix
  Mon sceptre et ma couronne
  Des fleurs que Dieu me donne ;
Je suis la reine des bois.

Mon royaume, de la terre
Est le plus charmant séjour,
On y vient avec mystère
Lire et rêver tour à tour :
Plus d'un écho solitaire
Dit qu'on y parle d'amour.

Je suis la reine des bois,
   Je fais à mon choix
  Mon sceptre et ma couronne
  Des fleurs que Dieu me donne,
Je suis la reine des bois.

S'IL POUVAIT REVENIR.

Musique d'Étienne ARNAUD

J'ai repoussé son noble amour,
Que je n'avais pas su comprendre ;
Et lui, si sincère et si tendre,
Vient de me fuir et sans retour.
Du tourment que l'absence donne, ⎫
Autant que lui je vais souffrir ! ⎬ (*Bis.*)

  Ah ! je lui dirais : Pardonne !
      S'il pouvait revenir !
  Ah ! je lui dirais : Pardonne !
S'il pouvait, ah ! s'il pouvait revenir !

  Lorsqu'il volait vers moi, joyeux,
  Rempli d'espoir et de tendresse,

De ses jeunes rivaux sans cesse
Je semblais accueillir les vœux.
Combien son âme pure et bonne,
En m'écoutant devait souffrir!...

   Ah! je lui dirais, etc.

Hélas! tous nos rêves ont fui;
Je maudis ces coquetteries,
Ces hommages, ces flatteries;
Je ne croirai jamais qu'en lui!...
Oui, partout son amour extrême   } (*Bis.*
Me suit avec son souvenir.

  Ah! je lui dirais : Je t'aime!
     S'il pouvait revenir...
  Ah! je lui dirais : je t'aime!
S'il pouvait, ah! s'il pouvait revenir!

CHANTEZ, OISEAUX.

Air slave.

Chantez, oiseaux, j'envie
Votre cœur calme et gai,
Car le mien de la vie
Est triste et fatigué.

En pleurs, celui que j'aime
S'est éloigné de moi,
Ne pouvant pour lui-même
Aspirer à ma foi.

Chantez, oiseaux, j'envie
Votre cœur calme et gai,
Car le mien de la vie
Est triste et fatigué.

Toute espérance éclose
Avec l'aube des cœurs,
Le soir, comme la rose,
Se couronne de fleurs.

Chantez, oiseaux, j'envie
Votre cœur calme et gai,
Car le mien de la vie
Est triste et fatigué.

Dans le sein de la terre
J'aimerais mieux dormir
Que d'être, loin de Pierre,
Condamnée à gémir.

Chantez, oiseaux, j'envie
Votre cœur calme et gai,
Car le mien de la vie,
Est triste et fatigué.

MON BRIGANTIN.

Musique de Max d'Apreval.

Mon léger brigantin,
De ton brave équipage
Les défis de l'orage
Augmentent le courage.
Comme un phare lointain,
De la voûte éternelle
Une étoile fidèle
Protége ton destin !

Avec orgueil ta mâture élégante
Se dresse, altière, au vaste champ des airs ;
Et dans son vol, ta coque frémissante
Parcourt d'un bond l'immensité des mers !

Mon léger brigantin,
De ton brave équipage
Les défis de l'orage
Augmentent le courage.
Comme un phare lointain,
De la voûte éternelle
Une étoile fidèle
Protége ton destin !

Quand l'ennemi de ses foudres de guerre
Veut entraver ta course au vol léger,
En te riant de sa vaine colère,
Ton feu répond au feu de l'étranger !

Mon léger brigantin,
De ton brave équipage
Les défis de l'orage
Augmentent le courage.
Comme un phare lointain,
De la voûte éternelle
Une étoile fidèle
Protége ton destin !

Fends l'Océan de ta mince carène,
Ton pont est large et tes agrès sont forts ;
De l'ouragan sans terreur et sans peine
Tu peux braver les terribles efforts !

Mon léger brigantin,
De ton brave équipage
Les défis de l'orage
Augmentent le courage.
Comme un phare lointain,
De la voûte éternelle
Une étoile fidèle
Protége ton destin!

CROYANCES.

Musique de Cheret.

Autrefois, pauvre enfant, quand des folles alarmes
Le fantôme de feu sur mon front se penchait,
De mon âge oublieux quand je versais des larmes,
Un baiser de ma mère aussitôt les séchait...
Le regard d'une mère est un rayon céleste !
Quel trésor le plus cher lui peut-on comparer ?
Et pourtant, jour trois fois malheureux et funeste,
Sans pitié pour nos pleurs, Dieu vint nous séparer !

Quand joyeux j'abordai les plaisirs de la terre,
Je trouvai sur leurs pas plus d'une ombre à bannir ;
Mais la femme... la femme, un ange tutélaire,
Fit éclore en mon sein la fleur du souvenir.
Une lèvre, à vingt ans, qui vous dit : Je vous aime !
Qui parle à votre cœur, et ne vit que pour vous,

Ferait prendre en pitié richesses, diadème :
Rendre aveu pour aveu, c'est un bonheur si doux !

Si l'amour passager me fuit à tire d'aile,
Si la neige des ans l'effarouche en chemin,
A mes côtés j'aurai l'amitié plus fidèle,
Qui me dira : Courage ! en me tendant la main.
L'Éternel met toujours, dans sa bonté profonde,
Au fond de tout calice une goutte de miel.
Lorsqu'on doit renoncer aux rêves de ce monde,
Notre âme peut encor s'élever vers le ciel.

LE LOUP DE MER.

Musique du Cte Ab. d'Adhémar.

J'ai quitté jeune ma patrie,
Emporté sous l'aile du vent;
Par la houle battu souvent,
Sur l'onde j'ai passé ma vie.

Mer, ma patrie, ô mes amours,
Toi seul objet de ma tendresse,
Ah! laisse-moi dans mon ivresse,
Laisse-moi redire toujours :
    O ma patrie
      Si chérie,
  A toi mon souvenir,
    O ma patrie,
      Si chérie,
  A toi mon avenir.

Lorsqu'au fort de la tempête
La foudre soulève les flots
Aux cris perçants des matelots,
Je surprends ma voix qui répète :

Mer, ma patrie, ô mes amours, etc.

Quand un trois-mâts vers moi s'avance,
A-t-il paru sur l'horizon,
Soudain sur l'affût d'un canon
En chantant gaîment je m'élance.

Mer, ma patrie, ô mes amours, etc.

LE CŒUR NORMAND.

Musique de L. Clapisson.

Le sol de Normandie à chaque pas recèle
Un écho qui redit nos glorieux exploits...
Quel pays fut jamais plus constant, plus fidèle
A son Dieu, son honneur, à sa gloire, à ses rois?

> Qu'un autre cœur mendie
> Un pays plus charmant,
> J'aime la Normandie,
> Moi, j'ai le cœur normand.

C'est un prince normand qui soumet l'Angleterre,
La victoire indomptable entraîne ses drapeaux;
Le soldat conquérant, dès qu'il foule la terre,
Pour couper la retraite, il brûle ses vaisseaux.

Qu'un autre cœur mendie
Un pays plus charmant ;
J'aime la Normandie,
Moi, j'ai le cœur normand.

Mes membres desséchés par la guerre et par l'âge
Retrouveront leur séve à l'heure du danger...
Car l'âme se réveille à la voix du courage ;
La force vous renaît pour chasser l'étranger !

On me verrait, j'en jure,
Voler au premier rang,
Sans casque et sans armure,
Car j'ai le cœur normand.

NE TE RÉVEILLE PAS.

Musique d'E. Déjazet.

O toi, qui saluas la vie
Parmi mes remords et mes pleurs !
Enfant, sur mon lit d'agonie,
Dieu vient d'endormir tes douleurs.
Repose en paix, repose encore,
Près de toi je prierai tout bas ;
Et quand, demain, viendra l'aurore,
    Ne te réveille pas.

Hélas !... en ouvrant ta paupière,
Mon pauvre fils, que verras-tu ?
Mon corps à genoux sur la pierre,
Le deuil sur mon front abattu !...
Celui qu'accuse ma tendresse,
Peut-être tu l'appelleras...

Et tu dois l'ignorer sans cesse :
    Ne te réveille pas!...

J'écoute... Sur ta lèvre expire
Quelque mot confus et joyeux...
Et puis tu sembles me sourire
Comme l'on doit sourire aux cieux...
Ah! c'est un ange qui t'enlève
Et qui te berce dans ses bras;
Dieu, mon fils, prolonge ton rêve :
    Ne te réveille pas!...

LA RENCONTRE.

Musique de L. Clapisson.

— Que voulez, hommes d'armes,
　Qui m'arrêtez ici?
　Suis seulette, sans armes,
　Et sans trésors aussi.

— Ma mie, avez, j'espère,
　D'assez beaux yeux, ma foi;
　　Et je les préfère
　Aux trésors du roi.

— N'ai point grand équipage,
　Pauvre fleur sans éclat :
　Mon père est au village,
　Et mon frère est soldat.

— Ma mie, avez, j'espère,
Un petit pied, ma foi;
Et je le préfère
Aux aïeux du roi!

— Ah! laissez-moi, beau sire...
Sans esprit, sans talent,
Je ne saurais rien dire
Qui vous semble charmant.

— Ma mie, avez, j'espère,
Un petit cœur, ma foi;
Et je le préfère
Aux discours du roi.

TIC TAC.

VILLANELLE.

Musique de Ch. Haas.

Gentille meunière
De notre moulin,
Fit longtemps la fière
Avec le voisin;
A son aveu tendre
La belle feignait
De ne pas se rendre
Et le tourmentait.

Reine du village,
Aux propos d'amours
La fillette sage,

Dans son doux langage,
Répondait toujours :
Tic et tic, tac tac.

En vain il soupire,
L'implore tout bas,
Et, dans son délire,
S'attache à ses pas.
Hélas! peine extrême!
Rien ne la fléchit;
Quand il dit : Je t'aime!
La belle sourit...

Reine du village,
Aux propos d'amours
La fillette sage,
Dans son fin langage,
Répondait toujours :
Tic et tic, tac tac.

La jeune meunière,
Un beau jour enfin,
Cède à sa prière,
Accorde sa main.
Ils n'ont pour royaume,
Ils n'ont pour abri,
Qu'un seul toit de chaume,
Qu'un enclos fleuri...

Et pourtant je gage,
Vraiment en amours,
Qu'il n'est au village
Plus heureux ménage...
Leurs cœurs font toujours :
Tic et tic, tac tac.

LA FIANCÉE DU CORSAIRE.

Musique de Ch. de Dufort.

Entends-tu près du bord les vagues en furie
    Qui viennent gronder et mourir ?
Puis, écoute... là-bas une autre voix te crie
    Que voici l'heure de partir !

Je laisse un monde injuste, en proie à sa misère ;
    Je viens, libre d'un joug trompeur,
M'élancer sur les flots, compagne du corsaire,
    Dont seule j'ai soumis le cœur.

Tu me verras braver au jour de la tempête
    Mille terreurs, mille combats ;
Que me fait le tonnerre éclatant sur ma tête,
    Si tu me presses dans tes bras ?

Puis, si quelque navire, au nom de l'esclavage,
Vient nous accabler de ses coups,
Je saurai près de toi combattre avec courage,
Ou succomber à tes genoux!

ÉVEILLE-TOI.

MANDOLINE.

Musique du Cte Ab. d'Adhémar.

L'aube plane
Diaphane
Sur les roseaux,
Les blondes eaux;
Et l'abeille,
Qui s'éveille,
Frôle en son vol
Les fleurs du sol.

La tourelle
Étincelle
Au feu puissant
Du jour naissant.
Le pré fume,
Puis s'allume;

L'oiseau béni
Quitte son nid.

Indolente,
Sois moins lente
A t'éveiller ;
Fuis l'oreiller...
A ta porte,
Ma voix forte
Vient t'avertir
Qu'on veut partir

L'aubépine,
L'églantine,
Même le thym,
Dès le matin,
Dans la plaine,
Toute pleine,
Gardent pour toi
Parfums de roi.

Dans l'allée,
La vallée,
Sur les créneaux,
Sous les arceaux,
Notre troupe,
Qui se groupe,
Voudrait se voir
Loin du manoir.

L'aube cesse,
L'heure presse
Les rabatteurs,
Les vieux piqueurs.
Et la chasse,
Jamais lasse,
Au son du cor,
S'anime encor.

L'écho tonne,
Il étonne
Les cerfs discrets
Dans les forêts.
La fanfare,
Qui s'égare,
De chants divers
Remplit les airs.

Pour la fête
Tout s'apprête;
Ta suite, ici,
Attend aussi.
Ton beau page,
Qui t'engage,
Tient ton coursier,
Ton lévrier.

Moi, je change
Et j'arrange

Le capuchon
De ton faucon,
  Qui se dresse
  Plein d'adresse,
Et sur mon gant
Fait l'élégant.

  Vite, achève
  Ton doux rêve;
Ouvre tes yeux
Couleur des cieux.
  Mon cœur prie,
  Sœur chérie;
Écoute-moi,
Réveille-toi!

  Ta toilette
  Est parfaite!
Pourquoi velours,
Riches atours?
  Ah! pour plaire,
  Sois sincère;
As-tu besoin
De tant de soin?

LE BEAU PATRE.

MANDOLINE.

Musique de Ch. de Dufort.

Beau pâtre de l'Andalousie,
Par le chemin de Ségovie
Je t'ai vu passer l'autre jour.
Depuis, ton souvenir m'enivre,
Et je quitterais pour te suivre
Jusqu'aux délices de ma cour

    Tiens, la couronne
    De mes aïeux,
    Je te la donne,
    Si tu la veux!

Combien ta grâce est noble et fière!
Quel feu jaillit de ta paupière!

Ton regard est celui d'un roi.
Tu planes sur les monts sauvages,
Et ton trône, sur les nuages,
Est plus beau que le mien, crois-moi!

    Tiens, la couronne
    De mes aïeux,
    Je te la donne,
    Si tu la veux!

Nous changerons de destinée;
A la pourpre, moi, condamnée,
Je fuirai ce joug imposteur,
J'irai vivre dans ta chaumière,
Et toi, le pâtre solitaire,
Tu seras le roi de mon cœur!

    Tiens, la couronne
    De mes aïeux,
    Je te la donne,
    Si tu la veux!

APPEL.

Musique de D. Fournier.

La clarté sur l'onde ruisselle,
Tout s'éveille et chante à la fois,
La frêle abeille ouvre son aile,
L'oiseau craintif reprend sa voix.

L'alouette ivre de lumière
Vole vers la voûte des cieux :
Vers toi s'élève ma prière,
Encens frais et mystérieux.

La clarté sur l'onde ruisselle, etc.

L'Éternel, de qui tout s'inspire,
A fait mon chant pour t'implorer,

Et ma lèvre pour te sourire,
Et mon amour pour t'adorer !

La clarté sur l'onde ruisselle, etc.

Viens, je t'attends, ô châtelaine !
Comme la tige attend la fleur :
Les rayons inondent la plaine...
Rends l'aube à la nuit de mon cœur !

La clarté sur l'onde ruisselle,
Tout s'éveille et chante à la fois,
La frêle abeille ouvre son aile,
L'oiseau craintif reprend sa voix.

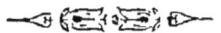

LA REINE DES PRAIRIES.

Musique de Paul Henrion.

Je suis la reine des prairies :
Je n'ai point d'or ni de palais,
Mais Dieu sur ces rives fleuries
A mis mon trône, et je m'y plais !
    Ah ! (*Quater.*) oui, je m'y plais.

Par une belle matinée
De printemps, de soleil, d'amour,
Fille du peuple, je suis née
Dans ce joyeux et frais séjour.
Dès que boutonne l'églantine,
Libre d'ennuis et de douleurs,
J'habite au pied de la colline,
Près des ruisseaux, parmi les fleurs

Je suis la reine des prairies :
Je n'ai point d'or ni de palais,
Mais Dieu sur ces rives fleuries
A mis mon trône, et je m'y plais !
  Ah ! (*Quater.*) oui, je m'y plais.

A chaque pas une merveille
S'offre à mes yeux, que Dieu bénit ;
Autour de moi je vois l'abeille
Faire son miel, l'oiseau son nid.
Sous ce paisible et frais ombrage
J'ai pour tapis de verts gazons ;
On se découvre à mon passage,
On applaudit à mes chansons.

Je suis la reine des prairies :
Je n'ai point d'or ni de palais,
Mais Dieu sur ces rives fleuries
A mis mon trône, et je m'y plais !
  Ah ! (*Quater.*) oui, je m'y plais.

Mon sort me charme et me captive ;
Pour être reine tout de bon,
S'il me fallait fuir cette rive,
Sans balancer, je dirais : Non !
Chacun ici m'accueille et m'aime ;
Et qui me dit sous d'autres cieux
Qu'il en serait encor de même,
Si je quittais un jour ces lieux ?

Je suis la reine des prairies :
Je n'ai point d'or ni de palais,
Mais Dieu sur ces rives fleuries
A mis mon trône, et je m'y plais!
 Ah! (*Quater.*) oui, je m'y plais.

FLEUR DE LA MADONE.

Musique d'Étienne Arnaud.

Charmant lis, fraîche auréole
    De pureté,
De nos cœurs pieux symbole
    De loyauté.

L'ouragan dans sa colère
    Pesant sur toi,
A courbé jusqu'à la terre
    Ton front de roi.

Dans l'air ta tige élancée,
    Hier encor
Prenait, doucement bercée,
    Son libre essor.

Le beau papillon folâtre
  Suivait ton vol,
Maintenant ton sein d'albâtre
  Jonche le sol.

De ta tige détachée,
  Ma pauvre fleur,
Vas-tu, triste et desséchée,
  Vers le Seigneur?

Dieu qui fait les sombres voiles
  De chaque nuit,
Donne aux brillantes étoiles
  Le feu qui luit;

A l'abeille sur la terre
  Encens et miel,
Aux champs onde salutaire,
  Rayons du ciel.

Dieu vers qui tout parfum vole
  Aux jours d'été,
Te rendra ton auréole,
  Ta royauté!

RÉSIGNATION.

Musique d'Avelino Valenti.

Adieu, ma sœur si belle, si chérie,
Hélas! adieu! mais non pas pour toujours.
Des cœurs brisés là-haut est la patrie,
Où Dieu nous rend d'éternelles amours!

Lorsque le jour à nos regards se voile,
Quand le trépas glace et ferme nos yeux,
Une fidèle et radieuse étoile
Pour nous enfin se lève dans les cieux!

Adieu, ma sœur, si belle, si chérie, etc.

Je resterai bien des saisons sans doute
Sans que jamais on me parle de toi;

Oui, mais ton cœur planera sur ma route,
Et me rendra l'espérance et la foi.

Adieu, ma sœur, si belle, si chérie, etc.

Sèche les pleurs qui mouillent ta paupière,
Presse ma main qui protégeait tes pas,
Et loin de moi cherche dans la prière,
L'espoir qu'ailleurs tu ne trouverais pas!

Adieu, ma sœur, si belle, si chérie,
Hélas! adieu! mais non pas pour toujours.
Des cœurs brisés là-haut est la patrie,
Où Dieu nous rend d'éternelles amours!

LE GRAND D'ESPAGNE.

Musique du Cte Ab. d'Adhémar.

Marchez la tête haute ;
Seigneurs, pages, varlets,
Ne vous feront pas faute,
Oui, je vous le promets :
Car, en paix, en campagne,
Après notre grand roi,
Le plus noble d'Espagne,
Par saint Jacques, c'est moi !

A vous le nom sans tache
Que j'ai de mes aïeux,
Auquel il se rattache
Tant de faits glorieux !

A vous mes pierreries,
Mes bronzes, mes tableaux,
Mes retraites chéries,
Mes palais les plus beaux.

Marchez la tête haute, etc.

A vous, belle des belles,
Les plus riches velours,
Les plus fines dentelles,
Les plus charmants atours;
Mes levriers agiles,
Mes coursiers adorés,
Tous mes vassaux serviles
Et mes pages dorés.

Marchez la tête haute, etc.

Dans l'espoir de vous plaire,
Doux ange d'ici-bas,
Quels trésors de la terre
Ne donnerait-on pas?
Nos brunes Andalouses,
Que l'on vante en tous lieux,
Vrai Dieu! seraient jalouses
De l'éclat de vos yeux.

Marchez la tête haute, etc.

HÉLAS!

Musique de Masini.

Hélas! ma vie,
A son matin,
Passe flétrie
Sans lendemain!
Le temps avide
D'un vol rapide
M'emporte aux cieux!
A vous, Marie,
Ma voix qui prie,
Et mes adieux!...

A vous, vallées,
Ruisseaux si frais,
Sombres allées
Où je rêvais!

O souvenance
De mon enfance!
O charmants lieux!
A vous, patrie,
Belle et chérie,
Tous mes adieux!

Ivresse et peine
Que j'aimais tant,
Plaisirs qu'amène
Amour naissant,
Adieu!... ma Mère,
Qui m'êtes chère
Plus que mes yeux!...
Puis à Marie,
Ma douce amie,
Tous mes adieux!

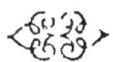

PREMIER BAL.

Musique de Masini.

De mon bonheur voici l'aurore :
Ce soir enfin je vais au bal,
Et tout mon cœur palpite encore,
Quoique je ne sois pas trop mal...
Voyons si ma robe s'apprête.
Voici les fleurs et les rubans...
Voici les roses pour ma tête.
Dieu ! que ne suis-je déjà prête,
Et que le jour dure longtemps !

    Plaisir divin
    Et sans égal,
    Ce soir enfin
    Je vais au bal.

Déjà j'y suis en espérance :
En entrant j'ai le front baissé...
A mon aspect on fait silence,
Et chacun s'arrête empressé ;
Je m'assieds avec rêverie,
Mon bouquet seul fixe mes yeux,
Et déjà la foule s'écrie :
Qu'elle est jeune, qu'elle est jolie,
Que son maintien est gracieux !

  Plaisir divin, etc.

Puis l'on m'entoure, l'on me presse :
Avec moi chacun veut danser :
A l'un je fais une promesse
Qu'à tous il faut recommencer...
L'orchestre part, et de ma place
Un cavalier saisit ma main :
Je me laisse aller avec grâce ;
Je vole... et partout où je passe,
L'on se groupe sur mon chemin.

  Plaisir divin, etc.

A mes succès on porte envie...
Je n'entends que propos flatteurs ;
Et, sans trop de coquetterie,
J'ai déjà troublé bien des cœurs...

Mais si je permets qu'on m'adore,
Pour moi, je veux rire à loisir
Des tourments que je fais éclore,
Et résister longtemps encore
Pour avoir le temps de choisir.

　　Plaisir divin
　　Et sans égal,
　　Ce soir enfin
　　Je vais au bal.

UNE VOIX DE PRISON.

Musique de N. Louis.

Sous le toit d'un cachot, repoussé par des frères,
    Je pleure seul, abandonné,
Et d'une fleur éclose en ces lieux solitaires
    Mon front captif s'est couronné.

Je n'entendis jamais une voix consolante
    Répondre au cri de mes douleurs :
Tu ne reçus jamais d'une main bienfaisante
    Cette eau qui féconde les fleurs.

Loin des rayons du jour et de leur vive flamme,
    Nous succombons aux mêmes lieux;
Et ton parfum mourant, hélas! comme mon âme,
    Va bientôt s'envoler aux cieux!

LE CAPITAINE AU LONG COURS.

Musique d'Eug. Aumont.

Quand j'étais capitaine,
Capitaine au long cours,
Sans regrets et sans peine
S'écoulaient tous mes jours.
Alors célibataire,
Joyeux et satisfait,
J'étais libre de faire
Tout ce qui me plaisait. } (*Bis.*)

J'ai pris femme colère,
Mais à l'air doucereux,
Et qui fait le contraire
De tout ce que je veux. } (*Bis.*)

Quand j'étais capitaine,
Capitaine au long cours,
Sans regrets et sans peine
S'écoulaient tous mes jours.
Alors célibataire,
Joyeux et satisfait,
J'étais libre de faire ⎫
Tout ce qui me plaisait. ⎬ (Bis.)

D'une vieille bouteille
Si j'étreins le goulot,
Ma femme, qui me veille, ⎫
La prend, me met à l'eau. ⎬ (Bis.)

Quand j'étais capitaine,
Capitaine au long cours,
Sans regrets et sans peine
S'écoulaient tous mes jours.
Alors célibataire,
Joyeux et satisfait,
J'étais libre de faire ⎫
Tout ce qui me plaisait. ⎬ (Bis.)

Du plus petit cigare
Ma moitié craint l'odeur ;
Quand je fume, et c'est rare, ⎫
Je la mets en fureur. ⎬ (Bis.)

Quand j'étais capitaine,
Capitaine au long cours,
Sans regrets et sans peine
S'écoulaient tous mes jours.
Alors célibataire,
Joyeux et satisfait,
J'étais libre de faire
Tout ce qui me plaisait.   } (*Bis.*)

Un éternel orage
Gronde dans ma maison,
Que ne puis-je à mon âge   } (*Bis.*)
Redevenir garçon !

Quand j'étais capitaine,
Capitaine au long cours,
Sans regrets et sans peine
S'écoulaient tous mes jours.
Alors célibataire,
Joyeux et satisfait,
J'étais libre de faire
Tout ce qui me plaisait.   } (*Bis.*)

LE BAISER DE MON ENFANT.

Musique de Ph. de Bray.

Enfant chéri, que le bon Dieu m'envoie,
Qui pour mon cœur est descendu des cieux,
Puisse à jamais la radieuse joie
Étinceler dans ton regard joyeux!
Moi, maintenant contre la peine amère,
J'ai ton amour qui toujours me défend...
Rien n'est si doux pour une jeune mère
    Que la gaieté de son enfant!

Que le chagrin, ô mon cher fils, n'effleure
Jamais ton front, vierge encor de souci;
Souris toujours... car lorsqu'un enfant pleure,
Sa mère, hélas! sa mère pleure aussi.

Moi, maintenant contre la peine amère,
J'ai ton amour qui toujours me défend...
Rien n'est si doux pour une jeune mère
    Que le bonheur de son enfant !

Tu grandiras, et ta vive tendresse
Peut se porter sur une autre que moi ;
Mon cœur d'avance en y songeant s'oppresse,
Et se remplit de douleur et d'effroi.
En attendant, contre la peine amère,
J'ai ton amour encor qui me défend...
Rien n'est si doux pour une jeune mère
    Que le baiser de son enfant !

LE PICADOR.

Musique de J. VIMEUX.

Le clairon a sonné : dans un flot de poussière,
Le taureau furieux bondit en frémissant,
Battant ses larges flancs, faisant voler la terre
    Sous son pas retentissant!
      Ioh! ioh!
    Tout son corps fume,
    Sa langue écume;
    Dans sa fureur,
    Il bat la terre...
      Ioh! ioh!...   (*Bis.*)
    La tête altière,
    J'attends sans peur,
  Je suis, je suis picador sans peur!

Il court, mugit, menace, et rien sur son passage
N'arrête son élan, ne s'oppose à ses pas;

Malheur aux imprudents !... sans merci, dans sa rage,
Il leur donne le trépas !...
 Ioh ! ioh !
 Tout son corps fume,
 Sa langue écume ;
 Dans sa fureur,
 Il bat la terre...
  Ioh ! ioh !...   (*Bis.*)
 La tête altière,
 J'attends sans peur,
Je suis, je suis picador sans peur !

Haletant, assailli, sentant son sang qui coule,
Le taureau frappe l'air de ses mugissements,
Étouffés aussitôt par les cris de la foule,
 Et ses longs trépignements !...
 Ioh ! ioh !
 Tout son corps fume,
 Sa langue écume ;
 Dans sa fureur,
 Il bat la terre...
  Ioh ! ioh !...   (*Bis.*)
 La tête altière,
 J'attends sans peur,
Je suis, je suis picador sans peur !

LE BALEINIER.

Musique d'A. Valenti.

Sans me vanter, partout je passe
Pour le meilleur des mariniers;
Par le sang-froid et par l'audace,
Je suis le roi des baleiniers!

Quand la baleine, en son essor rapide,
Trouble en passant et la vague et les airs,
A son sillon je m'attache intrépide,
Je la poursuis au vaste sein des mers!

Sans me vanter, partout je passe
Pour le meilleur des mariniers;
Par le sang-froid et par l'audace,
Je suis le roi des baleiniers!

Sur l'Océan quand je vogue en silence,
La tête haute et le harpon en main,
Ainsi posé, j'ai vraiment la prestance
Et la fierté d'un empereur romain!

 Sans me vanter, partout je passe
 Pour le meilleur des mariniers;
 Par le sang-froid et par l'audace,
 Je suis le roi des baleiniers!

Le fer en main, je l'approche sans crainte,
Et, quand je vois l'air fuir de ses naseaux,
Je frappe alors, et la baleine, atteinte,
En bondissant ensanglante les eaux.

 Sans me vanter, partout je passe
 Pour le meilleur des mariniers;
 Par le sang-froid et par l'audace,
 Je suis le roi des baleiniers!

TES YEUX ONT PRIS MON AME.

Musique de madame J. Arago.

Tes yeux ont pris mon âme
Le soir où je te vis;
Mon sein n'a qu'une flamme :
Pour toi seule je vis !

La plus pure étincelle
Du soleil radieux
A doté ta prunelle
De l'éclat de ses feux.

Le lis à peine égale
Ta grâce et ta blancheur;
Ton haleine est rivale
Du parfum de la fleur.

Des trésors, un empire,
Ne sont rien près de toi;
Quel mortel ose dire
T'adorer tant que moi?

Ta lèvre a pris ma vie,
Je ne m'appartiens plus;
Il n'est rien que j'envie
Au séjour des élus!

LE TIMBALIER.

Musique de Ch. Delioux.

Je suis timbalier du roi,
  Je reviens de la guerre,
Tous les honneurs sont faits pour moi.
  Devançant la bannière,
  J'entends dire autour de moi :
Honneur au timbalier du roi !

  De plaisir mon cœur bat,
  Enivré de conquêtes
  Je reviens du combat.
  Trop heureux et vainqueur,
  A toutes les coquettes
  Le bruit de mes baguettes
  Fait tressaillir le cœur.

Je suis timbalier du roi,
Je reviens de la guerre,
Tous les honneurs sont faits pour moi.
Devançant la bannière,
J'entends dire autour de moi :
Honneur au timbalier du roi!

A la ville, à la cour,
On vante ma figure,
Qui fait rêver d'amour!
A mon air cavalier,
A ma noble tournure,
On me prend, je le jure,
Pour un fier chevalier!

Je suis timbalier du roi,
Je reviens de la guerre,
Tous les honneurs sont faits pour moi.
Devançant la bannière,
J'entends dire autour de moi :
Honneur au timbalier du roi!

A la voix de l'honneur,
Qui toujours fut mon guide,
Je vole avec ardeur
En avant des guerriers.
Ma valeur intrépide
Électrise et décide
Les combats meurtriers!

Je suis timbalier du roi,
Je reviens de la guerre,
Tous les honneurs sont faits pour moi.
Devançant la bannière,
J'entends dire autour de moi :
Honneur au timbalier du roi !

LES FLEURS ANIMÉES.

Musique d'Étienne Arnaud.

De ces fleurs animées,
Fraîches et parfumées,
Aux brillantes couleurs,
Aux parfums enchanteurs,
Ma corbeille est remplie.
Voyez, qu'elle est jolie !
Allons, prenez mes fleurs :
J'en ai pour tous les cœurs !

Voyez, j'ai des pervenches
Diaphanes et blanches,
Pour la sincérité,
Pour l'amabilité ;

J'ai même l'anémone,
Qui ravive et qui donne
La foi du souvenir,
L'espoir dans l'avenir.

De ces fleurs animées,
Fraîches et parfumées,
Aux brillantes couleurs,
Aux parfums enchanteurs,
Ma corbeille est remplie
Voyez, qu'elle est jolie!
Allons, prenez mes fleurs :
J'en ai pour tous les cœurs!

Pour l'ami solitaire
Resté seul sur la terre,
Dont sans cesse les yeux
Sont tournés vers les cieux,
J'ai la sainte immortelle,
Trésor du cœur fidèle,
En ce monde isolé,
Pour toujours désolé.

De ces fleurs animées,
Fraîches et parfumées,
Aux brillantes couleurs,
Aux parfums enchanteurs,

Ma corbeille est remplie.
Voyez, qu'elle est jolie!
Allons, prenez mes fleurs :
J'en ai pour tous les cœurs!

Voici la pâquerette,
Qui perd sa collerette
Sous les doigts frémissants
Et craintifs des amants.
Prenez le myrte, emblème,
Qui toujours dit : Je t'aime!
Plus d'un à cette fleur
A dû le vrai bonheur.

De ces fleurs animées,
Fraîches et parfumées,
Aux brillantes couleurs,
Aux parfums enchanteurs,
Ma corbeille est remplie.
Voyez, qu'elle est jolie!
Allons, prenez mes fleurs :
J'en ai pour tous les cœurs!

LE BANQUET DE TOURS.

10 Septembre 1848.

Air des *Girondins*.

Au banquet des fils de Touraine,
Amis, qui vous êtes rendus,
Vers vous notre âme nous entraîne,
Soyez ici les bienvenus!
  Buvons à notre alliance,
Et jurons de mourir pour l'honneur de la France!

Le bon droit ici nous rassemble :
Prêtons toujours force à la loi;
De vaincre ou d'expirer ensemble
Engageons soudain notre foi.
  Buvons à notre alliance,
Et jurons de mourir pour l'honneur de la France!

Doux écho d'un lieu qui rappelle
Le nom du poëte vanté *,
Un jour redites-lui, fidèle,
Que nous buvions à sa santé.
   Buvons à notre alliance,
Et jurons de mourir pour l'honneur de la France!

A l'armée, espoir de nos guerres,
Portons un toste avec bonheur...
Tout soldat est un de nos frères
Par la vaillance et par l'honneur.
   Buvons à notre alliance,
Et jurons de mourir pour l'honneur de la France!

L'union fera notre force;
Si la patrie est en danger,
Brûlons notre dernière amorce
Pour la défendre, la venger.
   Buvons à notre alliance,
Et jurons de mourir pour l'honneur de la France!

Fière ici de votre présence,
Si Tours ne peut vous retenir,
Amis, du moins à votre absence,
Survivra votre souvenir.
   Buvons à notre alliance,
Et jurons de mourir pour l'honneur de la France!

* Boulevard Béranger.

UN RAYON DANS LA NUIT.

Musique de Louis ABADIE.

Chaque nuit, je vais sur la grève
      M'asseoir...
Les deux mains sur mon cœur, je rêve
      Te voir !

Aux jours de notre belle aurore,
      Je crois,
Grâce à ton image, être encore
      Parfois.

Dès l'aube mon tendre et fidèle
      Refrain,
Dans les champs, dans les bois, t'appelle
      En vain.

A chaque nuage qui vole
Sur moi,
J'envoie une douce parole
Pour toi.

Ta souvenance tant chérie,
Ma sœur,
Rend à ma croyance flétrie
Sa fleur...

Si des pleurs ici-bas remplissent
Les yeux,
Nos vœux les plus chers s'accomplissent
Aux cieux !

PAPILLON BLEU.

Musique de Malliot.

Beau papillon céleste,
Messager du printemps,
Plus joyeux et plus leste,
Parcours encor nos champs.
Cher hôte, à ta venue
Verdissent les buissons,
Le soleil fend la nue,
Et dore les moissons.

Ta présence ramène,
Avec elle à la fois,
La clarté dans la plaine
Et l'ombre dans les bois.

Sur la riche verdure,
Sur les limpides eaux,
Étale ta parure,
Suis le cours des ruisseaux.

Avec la feuille morte,
Si la brise, en son vol,
En tournoyant t'emporte
Loin des trésors du sol,
Ton aile jamais lasse,
Vierge de nos douleurs,
Dans les champs de l'espace
Ne frôle que des fleurs.

A la voûte éthérée,
Rapide enfant de l'air,
Ta robe diaprée
Brille comme l'éclair.
Aux voix de la tempête,
Quand nous, pauvres mortels,
Nous recourbons la tête,
Embrassant les autels,

De rivage en rivage,
Toi, toujours indompté,
Tu braves l'esclavage,
Riche de liberté !

Planant sur notre globe,
Où règne un souffle impur,
Ton aile se dérobe,
Tu nages dans l'azur.

Rien n'enchaîne à la terre
Ton essor radieux ;
Dans un flot de lumière
Tu disparais aux cieux.
Mon âme, en sa souffrance,
Puisse un jour, comme toi,
Trouver la délivrance
Au trône de son Roi !

VERGISS MEIN NICHT.

Musique d'Ad. Boïeldieu.

O fleur ravissante,
Frêle et frémissante,
A peine naissante,
Qui luis sur les eaux,
Je t'ai bien cherchée;
Dans l'herbe penchée,
Tu restais cachée
Aux bords des ruisseaux.

Trésor du rivage,
Le ciel en partage,
Te donne un langage
Pour le cœur épris.

Dès que l'aube arrive,
Sur l'onde ou la rive,
Une main craintive
Cherche où tu fleuris.

Du cœur qui soupire
Tu peins le martyre ;
Ce qu'il n'ose dire,
Tu le dis pour lui.
Ta douce présence
Abrége l'absence,
Lui rend l'espérance,
Charme son ennui.

De la jeune fille
Rêveuse, gentille,
Ton azur qui brille
Arrête les pas.
Sa lèvre discrète
Te presse en cachette,
Et tout bas répète :
Ne m'oubliez pas !

Par les pleurs d'un ange,
Qu'un amour étrange
Loin de sa phalange
Conduisit un jour,

Vous fûtes créée,
Sur terre égarée,
O fleur azurée
Qui parlez d'amour!

LUI.

Musique de Max d'Apreval.

Dans ce monde où je passe entourée et volage,
Mon âme, chaque jour, emporte son ennui;
Je vois mille flatteurs, au séduisant langage,
Qui brûlent sur mes pas l'encens de leur hommage;
  Mais ce n'est jamais lui!

Si parfois de mes chants essayant la puissance,
Je demande un bonheur qui, pour moi, n'a pas lui,
Chacun, en m'écoutant, rêve la confiance
Et répond à ma voix par un chant d'espérance;
  Mais ce n'est jamais lui!

Parmi la foule, au bal, souvent je crois entendre
Un mot que je répète alors qu'il s'est enfui;
Puis à ma main tremblante une main douce et tendre
Demande en frissonnant le bien que je veux rendre;
  Mais ce n'est jamais lui!

LE COLON DE METTRAY.

Air à faire.

Le colon de Mettray sur le champ de bataille,
Enivré par la poudre, est un rude soldat...
Et les plus grands guerriers ont à peine sa taille
Quand il dresse la tête à l'appel du combat.

Dans les jours de péril, à la voix de la France
Il déserte les champs et n'a plus de repos...
Enrôlé volontaire, il sait que la vaillance
Doit inscrire son nom au temple des héros.

Le colon de Mettray sur le champ de bataille,
Enivré par la poudre, est un rude soldat...
Et les plus grands guerriers ont à peine sa taille
Quand il dresse la tête à l'appel du combat.

Le colon de Mettray aime Dieu, sa patrie,
Ses uniques amours et son seul univers...
Triste, il lit dans le ciel, avec ferveur le prie,
Car il sait que Dieu peut conjurer les revers.

Le colon de Mettray sur le champ de bataille,
Enivré par la poudre, est un rude soldat...
Et les plus grands guerriers ont à peine sa taille
Quand il dresse la tête à l'appel du combat.

Le voici de retour... voyez ses cicatrices!
A la France il paya sa dette avec honneur...
Mais il porte la croix, astre de ses services,
Que le doigt de son chef fit jaillir de son cœur.

Le colon de Mettray sur le champ de bataille,
Enivré par la poudre, est un rude soldat...
Et les plus grands guerriers ont à peine sa taille
Quand il dresse la tête à l'appel du combat.

ROSÉE.

Musique d'Alfred Quidant.

J'avais sur ma croisée
Un beau lis radieux,
Qui couvert de rosée
Fascinait tous les yeux.

Le souffle de l'orage
L'a brisé dans son vol;
J'ai trouvé son feuillage
Épandu sur le sol.

J'aimais à voir sa tige
Au vert éblouissant,
D'un céleste prestige
S'entourer en naissant.

De sa blanche couronne
Il s'échappait pour moi
Ce frais parfum qui donne
L'espérance et la foi.

Le soleil sur la grève
Jette ses gerbes d'or ;
Au ciel cherchant son rêve,
Mon cœur prend son essor !

Il n'est pas sur la terre
De départs sans retours !
Dieu le fera, j'espère,
Reverdir aux beaux jours !

Pour que sa tige éclose
Et se couvre de fleurs,
En priant je l'arrose
Chaque jour de mes pleurs !

L'ENFER ET LE CIEL.

Musique de Gustave Héquet.

L'enfer, ô mon ange !
C'est l'exil d'un jour ;
Le ciel, c'est l'échange,
Bonheur sans mélange
De joie au retour !

L'enfer, c'est t'attendre
Et ne pas te voir ;
Le ciel, c'est entendre,
Le ciel, c'est comprendre
Ton chant plein d'espoir !

L'enfer, c'est, maîtresse,
Ton front soucieux ;
Le ciel, c'est l'ivresse
Qu'un mot de tendresse
Allume en tes yeux !

L'enfer, c'est la peine
Qui te vient de moi;
Le ciel, ô ma reine!
Le ciel, c'est la chaîne
Qui me vient de toi!

L'enfer, c'est te taire
Mes moindres aveux;
Le ciel, c'est te plaire,
C'est dire, c'est faire
Tout ce que tu veux!

PREMIER AMOUR.

Musique de M. J. Vimeux.

Si vous ne voulez pas vous repentir un jour,
Oh ! ne brisez jamais votre premier amour ! (*Bis.*)

Nul cœur ne vaut, amis, le cœur qu'on a quitté ;
De l'ange qui protége, on n'est plus visité.
Toute peine est de feu, toute ivresse de glace,
Pour un culte nouveau l'âme n'a plus de place.

    Si vous ne voulez pas, etc.

De mon bonheur passé, de souvenirs anciens,
J'évoque le prestige, et toujours j'y reviens ;
Insensé ! de ma joie, au temps de mon aurore,
J'ai troublé l'onde pure, et je la pleure encore.

    Si vous ne voulez pas, etc.

Dans un soir de folie, un autre eut mes transports,
Le réveil fut affreux, je reconnus mes torts;
Je revins, mais trop tard... la tige était fanée,
Par la main de l'oubli la fleur était glanée.

Si vous ne voulez pas vous repentir un jour,
Oh! ne brisez jamais votre premier amour! (*Bis.*)

LAMENTO.

Musique d'Eug. Aumont.

Voici renaître la nature :
L'hirondelle accourt vers ces lieux ;
Des arbres la fraîche verdure
Se marie à l'azur des cieux !
Dans leur ravissante demeure
Tous les oiseaux sont revenus !
   Mais aujourd'hui je pleure,
   Et je n'écoute plus.

Voici la colline fleurie
Où souvent je venais m'asseoir,
Et je voyais sur la prairie
Descendre les ombres du soir !

Puis quand sonnait la dernière heure
Je répondais à l'*Angelus!*
 Mais aujourd'hui je pleure,
 Et je ne chante plus.

Déjà l'aubépine modeste
A blanchi le sentier des bois :
Ivre de son parfum céleste,
Mon cœur a rêvé bien des fois
Beaux jours que le plaisir effleure,
Désirs naïfs, songes confus :
 Mais aujourd'hui je pleure,
 Et je ne rêve plus.

MAI-ROSE.

Musique de M. L. Abadie.

Vous pouvez respirer les parfums de la rive,
Sans que pour vous encor s'y mêle le poison ;
A peine croyez-vous que la vieillesse arrive,
Si jeune est votre ciel, si loin votre horizon !

Le songe de vos nuits ne voit que des étoiles,
Le soleil de vos jours n'a point d'ombre à bannir,
Et le calme présent vous cache de ses voiles
Les lointains orageux du douteux avenir.

Vous pouvez respirer, etc.

A peine au seuil fleuri de vos fraîches années,
Mai-rose, il n'est pour vous ni veilles ni chagrins ;

Vous n'avez à compter que de belles journées,
Et votre voix ne sait que de joyeux refrains.

  Vous pouvez respirer, etc.

Vos yeux sur le passé sont vierges de ces larmes
Que remplacent pour vous l'espoir, le souvenir.
Dieu vous garde longtemps le présent et ses charmes,
Mai-rose, oh! croyez-moi, dormez sur l'avenir!

  Vous pouvez respirer, etc

Chaque année un printemps à vos printemps s'ajoute,
Mais il glisse sur vous sans y laisser de plis;
Vous ne vous sentez pas des longueurs de la route.
Enfant, comptez-vous bien dix-sept ans accomplis?

Vous pouvez respirer les parfums de la rive,
Sans que pour vous encor s'y mêle le poison;
A peine croyez-vous que la vieillesse arrive,
Si jeune est votre ciel, si loin votre horizon!

UNE ÉTOILE DE PLUS.

CANTIQUE.

Musique de Marmontel.

Écoute s'agiter mes frémissantes ailes ;
Suis mon rapide élan au vaste champ des airs :
Fuyons, enfant, fuyons loin des serres cruelles,
Loin du rayon brûlant du tyran des enfers !

Que peux-tu regretter en ce lieu de souffrance,
Toi dont la lèvre sainte est vierge de l'amour ?
Que peux-tu regretter au seuil de l'existence,
Quand Dieu t'y prit ta mère en te donnant le jour ?
Sous ses baisers glacés, sous ses rudes étreintes,
L'inflexible trépas a pâli ta beauté ;
Les temps sont accomplis : sainte parmi les saintes,
Tu vas franchir le seuil de l'immortalité !

  Écoute s'agiter, etc.

Trop longtemps enlacée aux réseaux de la terre,
Le souffle impur du monde enchaîna ton essor :

Enfin le Roi des rois, touché de ta misère,
Rend à ton front béni son auréole d'or.
A peine as-tu compté les aubes de la vie
Nulle ombre n'a terni le miroir de ton cœur;
A des biens infinis l'Éternel te convie,
Le parfum de ton âme est encor dans sa fleur.

  Écoute s'agiter, etc.

Sans effroi de l'hiver tu brillais sur ta tige,
Ton sein s'embellissait des perles du matin;
De l'aurore tes yeux n'ont eu que le prestige;
Tes jours semblaient si frais et si loin de leur fin!
Des langes d'ici-bas un ciel te dédommage;
Le puissant Rédempteur prend pitié de ton sort:
Il abrége pour toi les heures du passage,
Sa grâce me permet de te guider au port.

  Écoute s'agiter, etc.

Le palais du Seigneur réclame un de ses anges,
Le séjour des mortels est indigne de toi!
L'orgue immense gémit... les divines phalanges
Ont abaissé leur vol... enfant, viens avec moi!
La céleste clarté soudain nous environne,
Embrase de ses feux le trône des élus...
D'un cercle éblouissant ta tête se couronne...
Ton âme est pour le ciel une étoile de plus!

  Écoute s'agiter, etc.

LA TARENTELLE.

Musique de Max d'Apreval.

Viens danser la tarentelle,
Le soleil brille, étincelle ;
Depuis un instant, ma belle,
Tout en chantant je t'appelle !
    Du plaisir
      Notre jeunesse
Doit s'enivrer, et sans cesse
Savourer la courte ivresse,
Lorsqu'elle peut la saisir.

Sur le gazon, lorsqu'il danse,
Ton pied marque la cadence
Mollement, puis il s'élance
Plus rapide que l'éclair.

Pose le poing sur ta hanche,
Déroule l'écharpe blanche,
Et sur ton col fier qui penche
Fais flotter ses plis à l'air.

Viens danser la tarentelle, etc.

Aucune autre en Italie,
Mais rivale de Thalie
Plus que toi n'est accomplie,
N'a de charme plus vainqueur.
Ma belle Napolitaine,
Ta douce voix de sirène,
Ton regard, ton port de reine,
Jettent le trouble en mon cœur.

Viens danser la tarentelle, etc.

Ainsi qu'un lis sur sa tige,
Ta jeunesse a le prestige
Qui sait donner le vertige
Quand tombe ton éventail.
Heureux dans sa joie extrême,
Qui pourra faire lui-même
Jaillir le doux mot : Je t'aime !
De tes lèvres de corail.

Viens danser la tarentelle, etc.

LE VER LUISANT.

Musique d'Avelino Valenti.

Ver luisant superbe,
Qui caches dans l'herbe
Ton obscurité,   (*Bis.*)
En passant peut-être
J'ai fait disparaître
Ta vive clarté ;   (*Bis.*)
En passant peut-être
J'ai fait disparaître
Ta vive clarté.   (*Bis.*)

A l'heure où l'étoile
Se lève sans voile
Dans l'azur des cieux,   (*Bis.*)
Ta lueur si vive
Fascine et captive
Bien souvent mes yeux.

Ver luisant superbe, etc.

De la sombre nue
La nuit est venue,
Astre des gazons;
Sur la mousse épaisse,
Scintille sans cesse
Au pied des buissons.

Ver luisant superbe, etc.

Ne crains pour ta vie
Rien de mon envie;
Rends-moi ta clarté.
Un vœu téméraire
Peut prendre sur terre
La félicité.

Ver luisant superbe, etc.

Le bruit t'effarouche,
Sitôt qu'on te touche,
Semblable au bonheur,
Sans laisser de trace,
Dans la nuit s'efface
Ta douce lueur.

Ver luisant superbe, etc.

LA CHASSE A LA BICHE.

Air : *Fanfare de l'Hallali par terre.*

Ouvre ta paupière
Et sois matinal,
Fournis ta carrière,
Chasseur sans égal.
La fanfare vive
Chante avec vigueur,
Et la meute arrive
Liée au piqueur.

Des rives fleuries
On bat à la fois
Gorges et prairies,
Vallons, champs et bois.

Le jour est superbe,
Le soleil levant
Vient caresser l'herbe
Qu'agite le vent.
La terre est humide,
Bonne pour chasser,
Le limier avide
Va bientôt lancer.

Des rives fleuries
La biche aux abois
Parcourt les prairies,
Les champs et les bois.

La bête effrayée
Évite en criant
La route frayée
Par le chien bruyant.
Elle fend l'espace
En son vif essor,
Chacun sur sa trace
Vole au chant du cor.

Des rives fleuries
La biche aux abois
Parcourt les prairies,
Les champs et les bois.

La biche tremblante
Voit son lit surpris,
Tombe chancelante
En poussant des cris.
Ivre de ses larmes,
Le chasseur vainqueur
Prend en main ses armes
Lui perce le cœur.

Tu tombes, tu pries,
O biche aux abois !
Tu pleures, tu cries,
Et restes sans voix !...

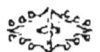

BRISE DES FLEURS.

CANTILÈNE.

Sur un air russe.

Je suis la brise des fleurs,
  J'incline sous mon aile
Tout calice pur et frêle
  Où l'aube épand ses pleurs.

  Mon vol solitaire
  S'égare en tout lieu,
  Caresse la terre,
  Puis retourne à Dieu.

Je suis la brise des fleurs,
  J'incline sous mon aile
Tout calice pur et frêle
  Où l'aube épand ses pleurs.

Tremblante, craintive,
Je glisse parfois
De l'onde à la rive,
De la plaine aux bois.

Je suis la brise des fleurs,
J'incline sous mon aile
Tout calice pur et frêle
Où l'aube épand ses pleurs.

Le soir, quand je vole,
Je surprends souvent
Bien douce parole
Qu'on dit en rêvant...

Je suis la brise des fleurs,
J'incline sous mon aile
Tout calice pur et frêle
Où l'aube épand ses pleurs.

MAGDELAINE.

BALLADE.

Musique du Cte Ab. d'ADHÉMAR.

   Magdelaine!
Si j'étais le fier baron
Qui du bruit de son clairon
  Fait retentir la plaine,
Pour toi laissant mes guerriers,
Et la gloire et ses lauriers,
  Je te dirais sans peine :
La gloire est belle, ma foi !
Mais l'est-elle autant que toi !

   Magdelaine!
Si j'étais l'un de ces rois
Qui dans leur château de Blois
  Tiennent cour souveraine,

Laissant pages et varlets,
Laissant couronne et palais,
  Je te dirais sans peine :
Ces biens, je n'en veux, crois-moi,
Que pour régner avec toi!

  Magdelaine!
A t'offrir, moi, je n'ai rien;
Ma jeunesse est mon seul bien,
  Mais je n'ai pas de chaîne.
Loin du bruit, loin des chagrins,
Si tu veux des jours sereins,
  Je te dirai sans peine :
Je suis pauvre, mais, ma foi,
Mon cœur est digne de toi!

VENEZ, ANGE DU CIEL.

INVOCATION.

Musique de Bazzoni.

Venez, ange du ciel, à l'âme pure et tendre,
Qui planez sur mon front, doux et silencieux ;
Venez me consoler... Vous seul pouvez comprendre
    Les pleurs qui tombent de mes yeux !

O mon ange gardien ! ô mon ange fidèle !
Soutien des affligés, doux objet de ma foi,
Ne m'abandonnez pas, couvrez-moi de votre aile,
    Je vous invoque, assistez-moi !

Je cueillais en riant les fleurs de la jeunesse,
Quand un rêve enchanteur m'éveilla tout joyeux ;
En le voyant si beau, je crus, dans mon ivresse,
    Que vous aviez quitté les cieux.

Je l'aimai comme vous... je l'aimai plus peut-être...
Je lui donnai mon cœur, mes vœux de chaque jour!
Et lui, brisant ce cœur dont il était le maître,
    Il se riait de mon amour.

Implorez-le pour moi... dites-lui ma souffrance;
J'oublîrai tout pour lui... le passé, l'avenir;
Mais s'il repousse encor ma dernière espérance,
    Alors vous me ferez mourir!

ES-TU FILLE DES CIEUX?

Musique de ROGER.

Le bal était brillant, et la foule joyeuse
  S'enivrait de danse et de fleurs;
Mille flambeaux jetaient leur clarté radieuse,
  Mille plaisirs faisaient battre les cœurs!

Moi seul j'étais errant, muet et solitaire,
  Sans espérance et sans désir,
Quand un être enchanteur, une femme étrangère,
  Vint m'apparaître, m'éblouir!

  Es-tu fille de la terre
   Ou fille des cieux,
  Entraînante chimère,
  Qui troubles mon âme et mes yeux?

Des cheveux noirs et longs couronnaient son visage,
    Son front était pâle, rêveur,
Ses humides regards, voilés par un nuage,
    Laissaient jaillir une douce lueur.

Et tandis que, tremblant, je sentais devant elle
    Le délire enchaîner mes pas,
Je n'osais l'adorer, car elle était trop belle
    Pour les hommages d'ici-bas...

    Es-tu fille de la terre
      Ou fille des cieux,
    Entraînante chimère,
    Qui troubles mon âme et mes yeux ?

Puis la valse envoya ses transports à mon âme ;
    J'étais là, rêvant de bonheur...
Soudain elle se lève, et, comme un trait de flamme,
    Jette vers moi son regard enchanteur.

Et je sentis son sein bondir sur ma poitrine,
    Son corps s'appuyer dans mes bras ;
Puis un mot s'échappa de sa bouche divine,
    Alors que je disais tout bas :

    Es-tu fille de la terre
      Ou fille des cieux,
    Entraînante chimère,
    Qui troubles mon âme et mes yeux ?

Lorsqu'au milieu des flots d'une foule empressée,
    Elle disparut sans retour ;
Et moi, le cœur rempli d'une seule pensée,
    Ah ! je la cherche en vain depuis ce jour !

Parmi les bals joyeux, parmi la foule avide,
    Mon âme porte son espoir ;
Et quand je vois au ciel une étoile timide,
    Je dis, comme le premier soir :

    Es-tu fille de la terre
      Ou fille des cieux,
    Entraînante chimère,
Qui troubles mon âme et mes yeux ?

LES EAUX DE BAGNOLES

(*Orne*).

Musique de Marie de Vouvray.

O ravissant pays, chères Eaux de Bagnoles,
Je garderai toujours votre frais souvenir ;
Puisque vous me rendez toutes mes auréoles,
Sur vos paisibles bords je saurai revenir.

J'aime à voir vos sapins planer sur les abîmes,
Votre forêt superbe au front silencieux ;
Le roc du capucin, dont les altières cimes
Semblent vouloir percer le voile errant des cieux.

O ravissant pays, chères Eaux de Bagnoles,
Je garderai toujours votre frais souvenir ;
Puisque vous me rendez toutes mes auréoles,
Sur vos paisibles bords je saurai revenir.

Quand triste, fatigué des vains échos du monde,
Je vins chercher ici le calme, le repos,
Je retrempai ma vie aux flots purs de votre onde,
Et mon âme y trouva l'oubli de tous ses maux...

O ravissant pays, chères EAUX DE BAGNOLES,
Je garderai toujours votre frais souvenir ;
Puisque vous me rendez toutes mes auréoles,
Sur vos paisibles bords je saurai revenir.

Je ne puis oublier le radieux visage
De cette jeune fille au doux regard vainqueur...
Je vins plein de santé visiter ce rivage,
Lorsque j'en suis parti, malade était mon cœur...

O ravissant pays, chères EAUX DE BAGNOLES,
Je garderai toujours votre frais souvenir ;
Puisque vous me rendez toutes mes auréoles,
Sur vos paisibles bords je saurai revenir.

TOUT UN JOUR SANS TE VOIR.

Musique du comte Ab. d'Adhémar.

C'est ici que chaque jour
Je viens m'asseoir et t'attendre;
C'est ici que j'aime entendre
Les accents de ton amour.
Sur les fleurs de la prairie
Planent les ombres du soir!...
   Que c'est long, Marie,
  Tout un mois sans te voir!
   Que c'est long, Marie!

Les oiseaux ne chantent plus,
Les flots dorment sur la grève,
Et le vieux clocher qui rêve
Vient de sonner l'*Angelus*.

La nature est recueillie,
Le ciel est tranquille et noir...
   Que c'est long, Marie,
  Tout un jour sans te voir!
   Que c'est long, Marie!

Mais au vallon je te vois,
Ombre rêveuse et légère,
Tu marches avec mystère,
Et tu réponds à ma voix!
Viens, doux ange de ma vie,
Viens, mon rêve, mon espoir...
   Que c'est long, Marie,
  Une heure sans te voir!
   Que c'est long, Marie!

JE T'OUBLIERAI.

Musique de Ch. Haas.

Enfant, quand pour toujours
Le soir aura perdu ses voiles,
Mai fleuri ses beaux jours,
La nuit d'été ses étoiles, —

Quand le rapide oiseau
Dans l'air ne prendra plus sa course,
Et que l'humble ruisseau
Remontera vers sa source, —

Quand sur le lis en fleur
N'ira plus l'abeille légère,
Et que le vrai bonheur
Sera constant sur la terre, —

Quand l'imposante mer
Sera sans flots et sans rivage,
Quand le brillant éclair
N'habitera plus l'orage;

Pour l'enfer soucieux,
Quand la radieuse phalange
Désertera les cieux,
Je t'oublîrai, mon cher ange! —

ÉGLANTINE.

Musique d'Étienne Arnaud.

Églantine a l'œil plein de feux,
De longs cils d'ébène,
Et quinze ans à peine ;
Cependant nulle sous les cieux,
Vraiment, n'est moins vaine de ses yeux !

Rien que pour la voir
Un instant le soir,
Le dimanche, on accourt de la ville.
A la contempler
On se laisse aller, } *(Bis.)*
Tant son air est modeste et tranquille.
Églantine, etc.

Près des clairs ruisseaux,
Parmi les roseaux,
Elle joue avec l'onde ou sa chèvre ;
L'écho qui l'entend
L'écoute, et reprend   } (*Bis.*)
La chanson qu'en riant dit sa lèvre.

Églantine au printemps parfois,
Mieux qu'une sirène
Chante dans la plaine ;
Cependant nulle, je le crois,
Vraiment, n'est moins vaine de sa voix.

Le noble vieillard
La suit du regard,
La bénit, quand joyeuse elle passe ;
L'enfant souriant
L'appelle en priant,   } (*Bis.*)
A son cou se suspend et l'embrasse.

Églantine, ange de douceur,
Dissipe la peine,
Nous plaît, nous entraîne ;
Cependant, pleine de candeur,
Nulle n'est moins vaine de son cœur.

LA LUNE DE MIEL.

CHANSONNETTE NORMANDE.

Musique d'Alfred Lair de Beauvais.

PLEINE LUNE.

Des garçons de la plaine
C'était le plus gentil ;
Il me disait, dit-il :
Ma bonne Madeleine,
Prends-moi pour ton époux ;
Tes goûts seront mes goûts,
T'aimer et t'obéir,
Voilà mon seul désir.
Et moi, pauvre innocente,
Naïve et confiante,
Je lui dis : Je veux ben,
François, voilà ma main.   (*Bis.*)

Lune de miel, ô mes amours,
Vous devriez durer toujours ! } *(Bis.)*

PREMIER ET DERNIER QUARTIER.

Pendant une semaine
Il fut tendre et gentil ;
Il me disait, dit-il :
Ma bonne Madeleine,
Me trouves-tu galant ?
As-tu de l'agrément ?
Tiens, je voudrais mourir,
Si ça t' faisait plaisir.
Moi, charmée et surprise
D'entendre c'te bêtise,
Je lui disais : Ma foi,
Faut qu'tu vives pour moi. *(Bis.)*

Lune de miel, ô mes amours,
Vous devriez durer toujours ! } *(Bis.)*

ÉCLIPSE TOTALE.

Au bout d'un mois à peine
Il ne fut plus gentil ;
Il me disait, dit-il :
Madame Madeleine,
Verrai-je encor longtemps
Tous ces beaux soupirants,

Qui semblent près de vous
Rire de votre époux?
Quand je pris une femme,
C'était pour moi, madame :
Pour finir cet abus
Vous ne sortirez plus! (*Bis.*)

Lune de miel, ô mes amours,
C'en est donc fait, et pour toujours! } (*Bis.*)

TÉRÉSITA.

Musique du comte Ab. d'ADHÉMAR.

Térésita charmante,
Ne sois pas inconstante;   (*Bis.*)
Chante la nuit, le jour.
Ta voix tendre et si pure
Rendrait, je te le jure, (*Bis.*) } (*Bis.*)
Les cœurs ivres d'amour !

De près, de loin, sans cesse,
Te poursuit ma tendresse;   (*Bis.*)
Mon cœur est plein de toi :
Ton image fidèle
En mon âme étincelle   (*Bis.*)
Comme un rayon de foi.

    Ah !
Térésita, etc.

Charmante fiancée,
Mon unique pensée (*Bis.*)
Et mon plus riche espoir;
Perle de la savane,
Ton pays, la Havane, (*Bis.*)
Est tout fier de t'avoir.

Ah!
Térésita, etc.

Térésita, ma reine,
Oubliant toute peine, (*Bis.*)
Ne songe qu'au plaisir,
Ne crois pas à l'absence;
Mais crois à l'espérance, (*Bis.*)
Mais crois au souvenir.

Ah!
Térésita charmante,
Ne sois plus inconstante;
Chante la nuit, le jour.
Ta voix tendre et si pure
Rendrait, je te le jure,
Les cœurs ivres d'amour!

SEUL DANS LES BOIS.

Musique de Ph. de Bray.

Que n'es-tu donc sous les sombres allées
Où sans espoir j'égare seul mes pas !
Que n'es-tu donc dans ces bois, ces vallées,
Pour me charmer, m'enlacer dans tes bras !
En vain le temps, dans sa course rapide,
Effeuillerait les roses de tes jours ;
A tout jamais mon cœur tendre et candide
Ferait serment de t'adorer toujours.
Là, tu verrais les gentilles tourelles
Du noir castel, immobile géant ;
Les eaux du lac, si limpides, si belles,
Que l'hirondelle effleure en voltigeant.

Je te dirais où le beau lis balance
Son front d'albâtre au milieu des prés verts ;

Où le chevreuil capricieux s'élance,
Joue et bondit sous les sentiers couverts ;
Le val riant où l'églantine rose
Étale mieux ses boutons, frais trésor ;
Les joncs altiers où voltige et se pose
La demoiselle au corps d'azur et d'or ;
Je te dirais où rampe la pervenche
Si riche en fleurs, en verdoyants gazons ;
Le merisier où, sur la même branche,
Rôdent l'abeille et les joyeux pinsons.

Je te dirais où l'on est bien à l'ombre,
Les jours d'été, par un ardent soleil ;
Le ravin creux, le taillis le plus sombre,
Où le fraisier cache son fruit vermeil.
Nul dans ces lieux, où règne le mystère,
Ne trahirait nos baisers, nos aveux ;
Ta voix serait mon seul écho sur terre...
Mais pour te voir n'aurais-tu pas mes yeux ?
Le pré fleuri nous servirait de couche.
Là, loin du monde, à l'abri du grand jour,
Ma bien-aimée, et ton cœur et ta bouche
S'enivreraient et d'extase et d'amour...

CE QU'IL FAUT AU POETE.

Musique de Joseph Vimeux.

Ce qu'il faut à l'abeille,
 C'est le thym ;
A l'oiseau qui s'éveille,
 Le matin ;
A la jeune prairie,
 La fraîcheur ;
A la vigne fleurie,
 La chaleur.

Ce qu'il faut au nuage,
 C'est l'éclair ;
Aux sables de la plage,
 C'est la mer ;

A la mer calme et pleine,
  C'est l'azur ;
Aux sillons de la plaine,
  Le blé mûr.

Ce qu'il faut à la branche,
  C'est la fleur ;
A la fleur frêle et blanche,
  La senteur ;
Au chant de l'alouette,
  C'est le jour ;
Ce qu'il faut au poëte,
  C'est l'amour !...

LA FEUILLE MORTE.

Musique de Frédéric Barbier.

Feuille morte,
Peu m'importe
Que les hivers
Glacent les airs.
Leur haleine,
Qui m'entraîne
Loin de ces lieux,
M'emporte aux cieux !

La rosée
S'est posée
Sur moi, parfois,
Au fond des bois.
De ma tige
Sans prestige,

Sèche aujourd'hui,
La séve a fui.

Verte et belle
J'étincelle,
Durant le temps
De mon printemps.
Mais l'automne,
Ma couronne,
De l'aube au jour,
Fuit sans retour !

Jeune fille
Dont l'œil brille
Comme nos fleurs,
Perd ses couleurs ;
Et sa vie,
Qu'on envie,
S'éteint souvent
Au moindre vent.

Dans ce monde,
Rien ne fonde
De souvenir
Dans l'avenir.
Tout s'efface,
Puis se glace,
Beauté, bonheur,
Rêves du cœur.

TRISTESSE.

Musique de Henri Litolff.

A peine au seuil de l'existence,
J'ai vu s'enfuir en un matin
Tous les rêves et l'espérance
Qui soutiennent le pèlerin.
Goutte à goutte je bois la lie,
L'amertume abreuve mon cœur,
Et dans le banquet de la vie,
Ma part, à moi, c'est la douleur.

Tout ici-bas semble renaître,
Le ciel n'a plus que de beaux jours,
Et l'hirondelle à ma fenêtre
Vient de confier ses amours.

Pourtant l'Aurore de ses larmes
Arrose le vallon joyeux;
Mais la nature n'a de charmes
Que pour les cœurs qui sont heureux!

Je passe triste et solitaire,
Sans regarder dans l'avenir,
Et sans demander à la terre
Quel jour je dois lui revenir.
Adieu, transports de la jeunesse!
Adieu, parfums délicieux!
Je ne crois plus en votre ivresse,
Et mon bonheur est dans les cieux!

COEUR DE ROCHER.

BALLADE.

Musique d'Anatole Cressent.

Plus que ceux d'Inésille,
Au pays andaloux,
On ne voit de résille
Voiler des yeux plus doux !
Vénus de Praxitèle
N'eut pas, je vous le dis,
Une tête aussi belle,
Des bras mieux arrondis !
Pour la voir on s'arrête,
Puis on en perd la tête.
Rien ne peut la toucher...
C'est un cœur de rocher !

Un soir donc Ruy d'Espagne
La saisit, l'enleva ;
J'étais sur la montagne,
Mon mousquet la sauva...
Je revins avec elle
Sur mon vif destrier,
Cherchant une chapelle
Pour nous y marier.
Elle avait su comprendre
Mon amour vif et tendre...
Mon cœur seul put toucher,
Oui, son cœur de rocher !

Le soir en embuscades,
Amants à sa merci
Donnent des sérénades
Dont je profite aussi.
Au bal, l'Infant lui-même,
Dansant à son côté,
Lui murmure : Je t'aime...
Sans en être écouté !
Fidèle autant que fière,
Hommage, aveu, prière,
Rien ne peut la toucher...
C'est un cœur de rocher !

UNE FAUTE.

Musique de Max d'Apreval.

Pays, amis, parents, dans un jour de folie,
Pour l'amour d'un ingrat, hélas! j'ai tout quitté;
Et sans remords son cœur me délaisse, m'oublie :
  Dieu punit qui l'a mérité !

Dans les cieux obscurcis au loin gronde l'orage :
Plaine, bois, dans la nuit tout s'est évaporé;
Et la pluie et la grêle ont frappé mon visage
  Que la peine a décoloré !

Enfin je touche au seuil de cette humble demeure
Où je laissai ma mère en proie à son effroi;
Que fait-elle? Écoutons! Elle prie, elle pleure...
  Pardon, ma mère! Ouvrez, c'est moi !

LE TAMBOUR NÈGRE.

CHANSON.

Musique d'Eugène Aumont.

Je suis tambour-major
De la garde mobile,
Et je porte entre mille
Habit chamarré d'or.
Renaisse un cri de guerre,
Et je saurai toujours
Mettre l'Europe entière
Au pas de mes tambours.

Vous m'avez vu la tête haute
Marcher au front du régiment :
Les regards ne me font pas faute,
Et l'on m'admire joliment.

A la beauté fière et coquette,
Sans espérer un sort si doux,
J'ai fait souvent tourner la tête
Et bien damner des cœurs jaloux.

 Je suis tambour-major, etc.

Je suis de France et de Navarre
Le plus bel homme, en vérité !
Quoique je sois merveille rare,
Je n'en tire point vanité !
A mon costume, à ma tournure,
A mon air noble et martial,
On doit me prendre, je le jure,
Parfois pour un grand général.

 Je suis tambour-major, etc.

Moi, je ne suis, en politique,
Ni blanc, ni rouge, par le cœur ;
Avec raison, oui, je me pique
De ne point changer de couleur.
Brave en tout temps, fier militaire,
Je n'ai jamais rougi ; ma foi,
Je ne crois pas qu'il soit sur terre
Un aussi beau nègre que moi.

 Je suis tambour-major, etc.

J'ai bon espoir, heureuse chance,
De devenir homme d'État ;
Si je veux, de l'armée en France
Je puis être le candidat.
J'espère bien passer d'emblée
Dès que je me serai porté,
Car des tambours à l'Assemblée
Le corps n'est pas représenté.

Je suis tambour-major, etc.

L'ambition et la colère
En ont déjà perdu plus d'un ;
L'ardent amour du populaire
Ne me rendra jamais tribun.
Mieux que l'esprit, en cas d'urgence,
Vaut le cœur du représentant,
Pour la gloire et l'honneur de France,
Qui sait voter tambour battant !

Je suis tambour-major
De la garde mobile,
Et je porte entre mille
Habit chamarré d'or.
Renaisse un cri de guerre,
Et je saurai toujours
Mettre l'Europe entière
Au pas de mes tambours.

NÉLIDA.

CHANSON HAVANAISE.

Musique d'Aug. de CROISILLES.

O Nélida! fille charmante,
Pleine de grâce et de candeur,
Que l'on admire et que l'on vante
Pour son esprit et pour son cœur!

Depuis le jour, à la Havane,
Où rayonnante je te vis
Cueillir des fleurs dans la savane,
De ta beauté je fus épris!

Mais de cette valse enivrante
Parfois te souvient-il encor,
Où, sur mon bras tout expirante,
Tu prenais un rapide essor?

A contempler ton allégresse,
Moi, je sentais tant de bonheur,
Qu'à chaque mot, dans mon ivresse,
Sur ma lèvre expirait mon cœur!

Vraiment, il n'est pas de créoles
Qui sachent dire, comme toi,
Ces douces chansons espagnoles
Où l'amour ravive sa foi.

Le jour où j'ai de ta voix tendre
Surpris les chants harmonieux,
Ému, ravi, je crus entendre
Je te le jure, un chant des cieux!

LE VAL DES ROSEAUX.

Musique d'Avelino Valenti.

Le val des Roseaux
Est un charmant site
Que partout l'on cite
Pour ses belles eaux.
L'été, brune et blonde,
Au lever du jour,
Viennent à la ronde
S'y voir tour à tour.
Plus d'une coquette
Se mire en cachette
Dans les belles eaux
Du val des Roseaux.

Le val des Roseaux
A de frais rivages,

De calmes ombrages,
De beaux nids d'oiseaux.
Sans qu'on la cultive,
La plus blanche fleur
Y naît sur la rive,
Captive le cœur.
Plus d'une coquette
Effeuille en cachette
La fleur des ruisseaux
Du val des Roseaux.

Le val des Roseaux
A, pour qui l'implore,
Bien souvent encore
De tendres échos.
Dès qu'on dit : Je t'aime...
Comme un bruit lointain
Les échos de même
Le disent soudain.
Plus d'une coquette
Accourt en cachette
Parler aux échos
Du val des Roseaux.

LA FÉE AUX NEIGES.

Musique d'Ernest Lépine.

Toujours tu nous protéges
Dans la froide saison :
O blanche fée aux neiges,
A toi notre oraison !

La frileuse hirondelle
Pour des climats plus doux
A peine ouvre son aile,
Que tu reviens vers nous.
Là, chaque hiver sans cesse
On te voit accourir
Partout où le ciel laisse
Des maux à secourir !
Toujours tu nous protéges, etc.

De l'enfant qui sanglote
Sous la bise et sous l'eau,
Du pauvre qui grelotte
Ton aile est le manteau.
Oui, c'est ta tiède haleine
Qui ranime leurs mains,
Fait fondre dans la plaine
Les glaçons des chemins.
Toujours tu nous protéges, etc.

Quand l'été nous inonde
De séve et de soleil,
A la branche féconde
Dieu rend le fruit vermeil.
Alors, sans agonie
A plaindre ou protéger,
Vers le ciel, ta patrie,
Tu prends ton vol léger !
Toujours tu nous protéges, etc.

LA MEUNIÈRE.

BLUETTE.

Musique d'Avelino VALENTI.

Je suis la meunière
Qui, chaque matin,
Dès que la lumière
Dore la rivière,
Toujours la première
Se lève au moulin.
Je fuis la tristesse,
Et mêle sans cesse
Mon joyeux refrain
Au bruit du moulin.

Mon moulin se mire
Dans le clair ruisseau,

Et j'aime à voir luire
Son reflet dans l'eau.
Il tourne sans cesse,
Le jour et la nuit;
Jamais on ne cesse
D'entendre son bruit.

Je suis la meunière, etc.

Avec ma farine,
C'est moi qui nourris
La fleur la plus fine
Des gens de Paris.
Mon moulin que j'aime,
Jamais arrêté,
L'hiver tourne même,
Bien moins que l'été.

Je suis la meunière, etc.

Vraiment la richesse
S'attache à mes pas;
Ma meule sans cesse
Tourne avec fracas.
Il n'est pas en France,
Pour moudre le grain,
Du moins je le pense,
De meilleur moulin!

Je suis la meunière
Qui, chaque matin,
Dès que la lumière
Dore la rivière,
Toujours la première
Se lève au moulin.
Je fuis la tristesse,
Et mêle sans cesse
Mon joyeux refrain
Au bruit du moulin.

AMOURS D'ENFANCE.

Musique d'Aug. DE CROISILLES.

Tes aveux d'enfance
Remplissaient mon cœur
De folle espérance
Et de vrai bonheur !
Près de ta demeure,
Je viens comme avant
M'asseoir, et je pleure,
Je pleure en rêvant.

D'une fleur sauvage
J'ornais tous les jours
Ton gentil corsage,
Doux nid des amours !

329

Ton œil bleu, limpide,
Clair miroir des cieux,
Se mirait, timide,
Dans mes yeux joyeux!

Lorsque tout me prive
D'espoir et de foi,
Mon cœur se ravive
En pensant à toi!
Je respire encore
Ce joyeux passé,
Parfum de l'aurore
Si vite effacé!

LE COR.

BALLADE.

Musique d'Ernest Boulanger.

A l'heure où la rosée
Brille au soleil levant,
Jadis à sa croisée
Inès était rêvant...
Par la chasse conduite,
Quand s'élançait la cour,
Le roi quittait sa suite
Pour lui parler d'amour.

Au fond des bois la chasse
   Passe ;
L'écho joyeux redit encor
   Le son du cor !

Honneurs et diadème
Devaient lui revenir,
Et le roi trahit même
Jusqu'à son souvenir.
Tendre cœur ne résiste
A des maux trop constants,
Car Inès, toujours triste,
Mourut folle à vingt ans.

Au fond des bois la chasse
  Passe ;
L'écho joyeux redit encor
  Le son du cor !

Quand le soir est sans voiles,
On voit errer parfois,
Aux lueurs des étoiles,
Une ombre au fond des bois.
Sous la voûte éthérée,
Elle écoute, à minuit,
Cette voix égarée
Du cor lointain qui fuit :

Au fond des bois la chasse
  Passe ;
L'écho joyeux redit encor
  Le son du cor.

LE VAL-MARIE.

BLUETTE.

Musique de : —

Le Val-Marie
Est un abri
Calme, fleuri,
Où l'âme prie,
Où l'avenir
Ne se marie
Qu'au souvenir.

Ici, ma fille,
Astre toujours,
Ton regard brille
Sur tous mes jours ;

Et loin du monde,
Dans tes yeux bleus,
Comme dans l'onde,
Plongent mes yeux.

Le Val-Marie, etc.

Sans que tu craignes
Rien en ce lieu,
Libre, tu règnes
Sous l'œil de Dieu;
Et l'espérance
Épanouit
Ta frêle enfance,
Qui m'éblouit.

Le Val-Marie, etc.

Comme de l'arbre
Qui semblait mort,
Fendant le marbre,
Un bourgeon sort...
Fille chérie,
Je sens la foi
Doubler ma vie
Auprès de toi.

Le Val-Marie, etc.

Enfant que j'aime,
Reste longtemps
Le diadème
Que prend mes ans.
Lis de ma grève,
En toi je veux
Mettre mon rêve,
Mes derniers vœux.

Le Val-Marie, etc.

Ta fraîche lèvre
Éteint toujours
L'ardente fièvre
De mes longs jours;
Et ma pensée
Près de ton cœur
Vole, bercée
Par le Seigneur.

Le Val-Marie
Est un abri
Calme, fleuri,
Où l'âme prie,
Où l'avenir
Ne se marie
Qu'au souvenir!

LA VIVANDIÈRE.

CHANSONNETTE.

Musique de Ph. DE BRAY.

Ran,
Pa ta plan,
Je suis vivandière,
Ran,
Pa ta plan,
Par goût, par état;
Toujours la première
Je vole au combat.

Fraîche, bien tournée,
J'ai de plus, dit-on,
Mine chiffonnée,
Joli pied mignon.

Sitôt que je passe,
On dit : Voyez-la !
Vraiment que de grâces,
Quels doux yeux elle a !..

 Ran,
  Pa ta plan, etc.

Quand je marche altière
Près du bataillon,
Certes la plus fière
Baisse pavillon.
Aux cris de victoire
J'applaudis des mains,
Et de notre gloire
Je sais tous les refrains.

 Ran,
  Pa ta plan, etc.

Mon regard anime
Le troupier surpris,
D'un trépas sublime
Lui montre le prix.
Quand parfois succombe
Un brave guerrier,.
Je cours sur sa tombe
Pleurer et prier.

Ran,
Pa ta plan,
Je suis vivandière,
Ran,
Pa ta plan,
Par goût, par état;
Toujours la première
Je vole au combat.

L'OISELEUR.

CHANSON PHILOSOPHIQUE.

Musique de Marie de Vouvray.

Alouette gentille,
Qui s'élance et qui brille
A la voûte des cieux;
Messagère fidèle,
Que ne puis-je à ton aile
Confier tous mes vœux?

L'hirondelle s'exile,
Au loin cherchant asile
En de plus doux séjours;
Mais toi, contre la neige
Le bon Dieu te protége,
Tu nous restes toujours!

Dans la riche campagne
L'aurore est ta compagne,
Tu voles dans les blés ;
Par l'air impur des villes
Tes accents si tranquilles
Ne sont jamais troublés.

Du miroir qui t'engage
Fuis la trompeuse image :
Ce n'est que fausseté.
L'oiseleur qui t'envie
Bientôt prendrait ta vie
Avec ta liberté.

A l'éclat qui ruisselle
Du miroir infidèle
— J'ai laissé mon bonheur. —
Le miroir, c'est la gloire,
Déité sans mémoire ;
Le monde est l'oiseleur.

DIEU PROTÉGE LA FRANCE.

Musique d'Aug. de Croisilles.

Déjà, mon Dieu ! vers un autre rivage
Le vaisseau fuit, balancé par les flots ;
J'entends chanter les joyeux matelots,
Et moi je pleure aux cris de l'équipage.

Mon beau pays, ô France, mes amours,
   A toi mon cœur, et pour toujours !

La voile s'enfle au souffle de la brise,
Tout disparaît à l'horizon lointain.
Bien loin d'ici nous serons dès demain ;
En y songeant, mon cœur ému se brise.

Mon beau pays, ô France, mes amours,
   A toi mon cœur, et pour toujours !

Si de l'exil la cruelle souffrance
Vient aujourd'hui m'abattre et m'attrister,
En m'éloignant je ne puis résister
A dire encor : Dieu protége la France !

Mon beau pays, ô France, mes amours,
  A toi mon cœur, et pour toujours !

CHANSONS
A METTRE EN MUSIQUE.

LE MARÉCHAL DE FRANCE.

Fils d'un vieux militaire,
Pour voler au combat,
J'entrai dans la carrière
Comme simple soldat.
Sans crainte et sans bravades,
Le premier au danger,
J'ai conquis tous mes grades
En battant l'étranger.

Soldats, bonne espérance,
Le ciel protége la valeur;
Pour être maréchal de France,
Il ne faut que du cœur!

Atteint par la mitraille,
J'eus encor du bonheur :
Sur le champ de bataille
J'obtins la croix d'honneur.
Quel beau jour, quelle fête
Ce fut alors pour moi !
J'en crus perdre la tête,
Oui, j'en pleurai, ma foi !

Soldats, bonne espérance,
Le ciel protége la valeur ;
Pour être maréchal de France,
Il ne faut que du cœur !

Les boulets et les balles
N'atteignent pas toujours ;
Vers les rives natales
Il est de doux retours :
On embrasse sa mère
Et sa sœur à la fois,
Puis on montre à son père
Et son grade et sa croix !

Soldats, bonne espérance,
Le ciel protége la valeur ;
Pour être maréchal de France,
Il ne faut que du cœur !

LA CHANSON DE BERNERETTE.

Regardez bien, là-bas, sous la feuillée,
Cette chaumière où frappe le soleil,
Et vous verrez, avec l'aube éveillée,
Une fillette au teint frais et vermeil.
   C'est le séjour de Bernerette
    Au doux regard, à l'air joyeux;
Elle est charmante, et vraiment semble faite
Pour troubler tous les cœurs, fasciner tous les yeux.

Écoutez bien cette voix fraîche et tendre,
Dont les accents arrivent jusqu'à nous;
Dans l'univers on ne saurait entendre
De chant plus pur, plus limpide et plus doux.
   C'est la chanson de Bernerette
    Au doux regard, à l'air joyeux;
Elle est charmante, et vraiment semble faite
Pour troubler tous les cœurs, fasciner tous les yeux.

Regardez-la, d'une allure craintive,
En gazouillant, accourir au lavoir;
Elle se penche en riant sur l'eau vive,
Lorsqu'elle croit être seule à s'y voir.
  C'est le miroir de Bernerette
  Au doux regard, à l'air joyeux;
Elle est charmante, et vraiment semble faite
Pour troubler tous les cœurs, fasciner tous les yeux.

LE RAYON.

A MADEMOISELLE A. D***.

De vos heureux parents
Vous êtes, jeune fille,
Les trésors apparents,
Le seul astre qui brille ;
L'aube de leurs beaux jours,
Le rêve, la lumière
Qui berce leurs amours,
Inspire leur prière.

Le ruisseau le plus pur,
D'avril miroir limpide,
A moins d'éclairs, d'azur,
Que votre œil si candide ;
Son disque radieux
De pudeur étincelle ;
Laisse entrevoir les cieux
Au fond de sa prunelle.

De vos lèvres le soir,
Par la croyance écloses,
S'exhale votre espoir
Comme un parfum de roses.
Votre chaste sommeil
Peut braver tous les voiles,
Car Dieu, jusqu'au réveil,
Vous couronne d'étoiles.

Dans un prisme charmant
Vous apparaît la vie,
Qui vous berce un moment
Éblouie et ravie.
Du fleuve de vos jours
Ah! puisse un seul nuage
Ne point troubler le cours,
Ni l'émouvant mirage!

Vous charmez à la fois
L'esprit, le cœur et l'âme.
Dieu vous créa, je crois,
Plutôt ange que femme.
Du soleil chaque part
Bien chèrement s'achète.
Sitôt votre départ,
L'obscurité s'est faite.

Guettant votre retour
Dans la longue avenue,
Nous n'espérons le jour
Que de votre venue.
Vous êtes le printemps
Frais, radieux et tendre;
Encore bien longtemps
Vous ferez-vous attendre?...

Château des Belles-Ruries.

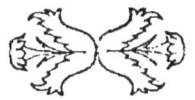

FIDÈLE AU MALHEUR.

A la tourelle grise
Regarde s'enlacer
Cette fleur que la brise
Agite et vient bercer :
C'est l'humble giroflée,
Dont mon cœur est épris,
Qui s'attache aux débris
Et rayonne isolée.

Que toujours cette fleur
Te serve de modèle :
O mon enfant, comme elle
Sois fidèle au malheur !

Sur les tours en ruines,
Les tombeaux oubliés,
Elle étend ses racines,
Ses rameaux déliés ;

Elle semble se plaire
A voiler, au printemps,
Les outrages du temps
De sa robe légère.

Que toujours cette fleur
Te serve de modèle :
O mon enfant, comme elle
Sois fidèle au malheur !

Souvent sur cette terre,
Après les plus beaux jours,
La fortune éphémère
A de tristes retours.
Qui peut compter sans cesse
Sur un bonheur constant ?
Le monde est si changeant !
Si frêle est la richesse !

Que toujours cette fleur
Te serve de modèle :
O mon enfant, comme elle
Sois fidèle au malheur !

LES ROIS !

—

Ouvre les yeux à la lumière,
Car elle s'avance vers toi,
Jérusalem ! ta tête altière
Doit s'incliner devant ton Roi.

L'étoile qui brille si belle
A nos yeux montre le chemin ;
A notre âme la foi révèle
Le Rédempteur du genre humain.

Accourez tous, pasteurs et mages,
Chargés d'or, de myrrhe et d'encens ;
Avec vos vœux et vos hommages,
Offrez les plus riches présents.

Peuples, tressaillez d'allégresse !
Ivres d'amour tous à la fois,
Chantez en chœur, chantez sans cesse :
Vive à jamais le jour des Rois !

LE PROPRIÉTAIRE.

Je suis propriétaire,
Et peux faire la loi
A chaque locataire
Qui veut entrer chez moi.

Dans ma maison j'exige
Qu'on se conduise bien,
Et que même on s'oblige
A n'avoir point de chien;
Qu'on rentre de bonne heure
Sans jamais appeler;
La nuit en ma demeure
Qu'on dorme sans ronfler.

Je suis propriétaire,
Et peux faire la loi
A chaque locataire
Qui veut entrer chez moi.

Je ne veux point qu'on danse,
A cause des parquets,
Et que l'on se dispense
De faire des caquets.
Je veux que l'on soit riche,
Qu'on salue en passant
Mon portier dans sa niche,
Chaque fois en rentrant.

Je suis propriétaire,
Et peux faire la loi
A chaque locataire
Qui veut entrer chez moi.

Un léger bruit me lasse,
Même celui du vent;
Le moindre cri m'agace
Et me trouble souvent.
Si l'on est en ménage
Depuis un ou deux ans,
J'exige qu'on s'engage
A n'avoir point d'enfants.

Je suis propriétaire,
Et peux faire la loi
A chaque locataire
Qui veut entrer chez moi.

LE ROC DU CAPUCIN.

BALLADE.

Parmi ces pins dont nul n'approche,
Tant leur abord est périlleux,
Comme une fourche, cette roche
Élève ses dents vers les cieux.
Dans son flanc creux, l'eau qui bouillonne
Et suit la pente du ravin
A des vertus dont on s'étonne
Pour bien des maux l'été ; l'automne,
Elle est meilleure que le vin.

 Pour braver la tempête,
 A l'oiseau qu'il arrête
 Il présente sa crête,
 Étrange en son dessin.

Comme un ami fidèle,
Il protége la frêle
Et modeste chapelle,
Le roc du Capucin.

Un capucin, dit la légende,
Vint à Bagnoles tout perclus,
Pour que son onde, hélas! lui rende
Une verdeur qu'il n'avait plus.
Voyant ce roc fourchu, bizarre,
Il jure de franchir d'un bond
La distance qui le sépare
Si de la souffrance il se gare,
Obtient parfaite guérison.

 Pour braver la tempête, etc.

Dès l'aube on le porte, on le plonge
Dans les eaux claires du bassin,
Puis il en boit comme une éponge,
Le bon vieux père capucin.
En peu de temps, grâce à la source,
Il recouvre force et santé,
Si bien qu'il prit un jour sa course,
Et malgré le poids de sa bourse,
D'une aiguille à l'autre a sauté.

 Pour braver la tempête, etc.

Le capucin, épris du site,
Fit ses adieux même aux couvents,
Et dans ce lieu devint ermite.
Il y vécut plus de cent ans.
De cet endroit aux jeunes filles
Il est défendu d'approcher.
Mais au travers de ces charmilles,
On montre encore deux béquilles
Dans les fissures du rocher.

 Pour braver la tempête,
 A l'oiseau qu'il arrête
 Il présente sa crête,
 Étrange en son dessin.
 Comme un ami fidèle.
 Il protége la frêle
 Et modeste chapelle,
 Le roc du Capucin.

CHANSONS NOUVELLES

SUR DE VIEUX AIRS.

SANS-SOUCI.

CHANSON DE CHASSE.

Air : *Tontaine, tonton.*

Sans-Souci, notre camarade,
Du cor dès l'aube aime le son :
    Tonton, tonton,
    Tontaine, tonton.
Joyeux vivant, jamais maussade,
Il dit fort bien une chanson :
    Tonton,
    Tontaine, tonton.

Il est de toutes nos parties
Le plus en train, le plus luron,
  Tonton, tonton,
 Tontaine, tonton.
Il a parfois des reparties
Même à faire pâmer Pluton,
  Tonton,
 Tontaine, tonton.

S'il dîne près de femme aimable,
Il n'est point comme fut Platon,
  Tonton, tonton,
 Tontaine, tonton.
Il mange, rit et chante à table,
Narguant le suprême bon ton,
  Tonton,
 Tontaine, tonton.

Toujours prêt à se mettre en chasse
Après un jeune et frais tendron,
  Tonton, tonton,
 Tontaine, tonton,
De l'amour point il ne se lasse;
Il soupire en toute saison,
  Tonton,
 Tontaine, tonton.

Il n'a jamais voulu permettre
Qu'on mît son fusil à piston,

Tonton, tonton,
Tontaine, tonton.
Il n'en tire pas moins en maître
Biche, sarcelle et caneton,
Tonton,
Tontaine, tonton.

En chasse un soir sur le domaine
De la fille d'un vieux barbon,
Tonton, tonton,
Tontaine, tonton,
Il fut surpris, et pour sa peine
Forcé de lui donner son nom,
Tonton,
Tontaine, tonton.

Dès la nuit de son mariage,
A braconner dans le canton,
Tonton, tonton,
Tontaine, tonton.
De crainte d'en perdre l'usage,
A l'affût il resta, dit-on,
Tonton,
Tontaine, tonton.

LE CHANT DES ZOUAVES.

Air : *A l'abordage.*

Le clairon sonore a sonné,
Le camp bondit à sa voix claire ;
Le canon dans l'ombre a tonné,
Et sa lumière nous éclaire...
L'avant-poste est abandonné, (*Bis.*)
Les boulets labourent la terre :
Du combat le signal est donné !

    Allons, zouaves,
    Braves des braves,
Nargue des balles, du trépas !
    A la mitraille (*Bis.*)
    Si l'on déraille,
La gloire nous ouvrira les bras.

Le pays a les yeux sur nous,
Il exalte notre vaillance,
Électrise, conduit nos coups,
Puis nous montre la récompense
Dont notre sein est si jaloux. (*Bis.*)
Amis, marchons, vive la France,
Seule elle est notre mère à tous.

  Allons, zouaves,
  Braves des braves,
Nargue des balles, du trépas! (*Bis.*)
  A la mitraille
  Si l'on déraille,
La gloire nous ouvrira les bras.

Si vous voulez gagner la croix,
C'est l'heure, vous pouvez m'en croire;
Sur l'étranger mis aux abois
Nous remporterons la victoire,
Et la Renommée aux cent voix (*Bis.*)
Léguera nos noms à l'histoire :
Soldats, on ne meurt qu'une fois.

  Allons, zouaves,
  Braves des braves,
Nargue des balles, du trépas! (*Bis.*)
  A la mitraille
  Si l'on déraille,
La gloire nous ouvrira les bras.

VIVE LA FEMME.

Air : *Vive la chasse*.

Vive la femme !
Je la proclame
L'astre réel de nos premiers beaux jours !
Dans mon ivresse,
Je veux sans cesse
Vivre pour elle et l'adorer toujours !

Qui peut nier son pouvoir sur la terre
Et son attrait pour notre tendre cœur ?
Elle paraît... son regard nous éclaire,
Et de notre âme à l'instant est vainqueur.

Vive la femme ! etc.

Épouse ou mère, éplorée ou ravie
Elle est la source où s'avive la foi;
C'est l'arc-en-ciel de notre sombre vie,
Durant nos nuits de tristesse et d'effroi.

  Vive la femme! etc.

L'homme sans elle éprouve un vide extrême,
La solitude entoure tous ses pas;
Pour être bon d'abord il faut qu'on aime,
Dieu nous créa dans ce but ici-bas.

  Vive la femme! etc.

Lorsque l'amour n'est plus qu'une prière,
Un astre éteint par le temps effacé,
On jette encore un regard en arrière,
Et l'on revit en rêvant au passé.

  Vive la femme! etc.

Quand sur le front que rien plus ne caresse
S'abat l'hiver et les flocons des ans,
Tout en songeant à sa verte jeunesse,
On chante alors, épris de ses enfants:

  Vive la femme!
  Qu'on la proclame

L'astre réel de nos premiers beaux jours!
Dans notre ivresse,
Il faut sans cesse
Vivre pour elle et l'adorer toujours.

L'ANE ET LE PETIT CHIEN.

FABLE COMPOSÉE PAR UN PERROQUET.

Sur l'Air du *Tra, deri, dera, la la la*.

Vraiment, disait un âne en se croisant les bras,
Les sots doivent toujours l'emporter ici-bas ;
Pour eux tous les succès de grâce et de bon ton...
Pour nous tous les échecs et les coups de bâton :
     Sur l'air du tra, la, la, la,
  Sur l'air du tra, deri, dera, tra, la, la.

Je suis sans contredit la fleur des animaux,
Et mon maître ne sait que me dire des mots ;
Tous ses soins, ses faveurs, sont pour un maudit chien
Gourmand et parfumé comme un vieux comédien :
     Sur l'air du tra, la, la, la, etc.

Madame à chaque instant le prend sur ses genoux,
Elle invente pour lui les surnoms les plus doux;
Et moi, battu, berné, pour consolation,
Je n'ai que mon estime et celle de Buffon :
    Sur l'air du tra, la, la, la, etc.

Comme il disait ces mots, il entend quelque bruit :
C'est la dame du lieu qui passe auprès de lui,
Et le roquet charmant, frisé comme un bichon,
Escorte sa maîtresse et porte son manchon :
    Sur l'air du tra, la, la, la, etc.

Parbleu! se dit notre âne en se frappant le front,
Il me pousse une idée et les ingrats verront;
Je veux dès aujourd'hui disputer à ce chien
La palme de l'amour et celle du maintien :
    Sur l'air du tra, la, la, la, etc.

Je veux dès à présent prendre des airs pincés,
Mettre un col de satin, mettre des gants glacés;
Ils entendront mon *ut*, ah! quel *ut !* Je crois bien
Que Duprez le voudrait en échange du sien :
    Sur l'air du tra, la, la, la, etc.

Notre âne, après ces mots, se dresse tout joyeux,
Remonte son faux col, arrange ses cheveux.
Puis, voyant sa maîtresse assise au bord de l'eau,
Il l'accoste en chantant le final d'Othello :
    Sur l'air du tra, la, la, la, etc.

Madame, lui dit-il, vous voyez devant vous
Un être auquel le sort a jeté son courroux;
Me faudra-t-il toujours, chargé de vos mépris,
Fléchir sous le malheur d'être un âne incompris?
    Sur l'air du tra, la, la, la, etc.

La dame a l'air ému; l'âne, qui l'est aussi,
Veut tomber à ses pieds pour lui crier merci!
Mais il glisse sur elle et, crac! en même temps
Lui déchire sa robe et lui casse trois dents:
    Sur l'air du tra, la, la, la, etc.

Elle appelle au secours; on fond sur l'animal,
Qui pousse, mais en vain, des cris comme un cheval;
Puis le meunier l'emmène, et le long du chemin
Accompagne son *ut* à grands coups de gourdin:
    Sur l'air du tra, la, la, la, etc.

La morale d' ceci, mes enfants, c'est qu'il faut
Garder son naturel quel que soit son défaut;
Puis, quand vous serez grands, garçons, retenez bien
Que pour plaire à madame il faut plaire à son chien:
    Sur l'air du tra, la, la, la, etc.

CHANSON DE L'IVRESSE.

Galatée, Air *de la Paresse.*

    Ah ! quel plaisir
    Cause l'ivresse
Lorsqu'elle vient à nous saisir,
La radieuse enchanteresse !
Dès que mon cœur est aux abois,
    Moi, je bois.   (*Quater.*)

Lorsque la chère est confortable,
Que le bordeaux ne manque pas,
Que je me trouve bien à table
Assis devant un fin repas !
Au mécréant laissant la fièvre
Que lui donne la soif de l'or,

Tant que ma coupe est pleine encor
En souriant j'y mets la lèvre,
  Oui, la lèvre,
    Ah !

  Ah ! quel plaisir
  Cause l'ivresse
Lorsqu'elle vient à nous saisir,
La radieuse enchanteresse !
Dès que mon cœur est aux abois,
  Moi, je bois. (*Quater.*)

Le vin remplace une compagne,
De lui du moins on a raison ;
Il nous fait battre la campagne,
Tire notre âme de prison.
Pour adoucir notre existence,
Jus rayonnant et si vermeil,
Mais à ton père le soleil
Tu pris les feux et la puissance,
  La puissance,
    Ah !

  Ah ! quel plaisir
  Cause l'ivresse
Lorsqu'elle vient à nous saisir,
La radieuse enchanteresse !
Dès que mon cœur est aux abois,
  Moi, je bois. (*Quater.*)

Tu m'éblouis quand je t'aspire,
Autour de moi tout danse et rit...
Aussi je t'aime avec délire,
Car tu me donnes de l'esprit.
A la vue errante et ravie
Tu montres l'aube d'un beau jour,
A travers un prisme d'amour
Tu nous fais entrevoir la vie,
  Oui, la vie,
   Ah!

Ah! quel plaisir
 Cause l'ivresse
Lorsqu'elle vient à nous saisir,
La radieuse enchanteresse!
Dès que mon cœur est aux abois,
  Moi, je bois. (*Quater.*)

SÉBASTOPOL.

Air: *T'en souviens-tu.*

Sébastopol, sur des crêtes fumantes
Tu vois briller nos vaillants étendards,
Et dans le sein des vagues écumantes
Sombrer ta flotte au pied de tes remparts.
Sébastopol, l'entraînante victoire
Sur tes canons imprime encor nos pas,
Et nos guerriers au temple de mémoire
Voulaient trôner au prix d'un beau trépas !

Nos légions, par la gloire animées,
Savaient que Dieu, fidèle à leurs drapeaux,
Offre toujours aux croyantes armées
Ou le martyre ou des lauriers nouveaux.
Les flots de sang répandus pour te prendre
A la patrie ont arraché le cœur ;

Mais à présent, en contemplant ta cendre,
La France est fière et n'a plus de douleur.

A l'étranger que le destin contraire
Force de fuir mitraillé sous nos coups,
Rendons du moins les honneurs de la guerre :
Par sa bravoure il est digne de nous.
Paix et silence au vaincu qui succombe,
Dont la valeur ne peut plus résister...
Un noble cœur ne heurte pas la tombe
De l'ennemi qui cesse d'exister.

Nous te louons, toi qui bénis nos armes,
Dieu des chrétiens qui nous rends forts et grands,
Qui de la France apaise les alarmes,
Lui donne un chef et combats dans ses rangs.
C'est de toi seul que viennent les victoires ;
De l'univers arbitre souverain,
Ton doigt indique et fait jaillir les gloires
Que le temps doit imprimer dans l'airain.

PREMIER JANVIER.

Musique de Max d'Apreval

Quand dans ce temps béni de fête, d'allégresse,
Toute âme sainte entonne un noble chant d'ivresse
Pour un père, un époux, une femme, un ami,
Ma belle fiancée, ô mon unique idole,
Moi seul, tout absorbé par ma paresse folle,
Assis à tes genoux, je demeure endormi.

Le Temps s'enfuit rapide, emportant sur ses ailes
Nos rêves les plus doux, nos heures les plus belles...
Qui survit ici-bas à ce flot destructeur?
Rien que le souvenir, parfum chaste et céleste,
Parfum frais et sacré, seul trésor qui nous reste,
Quand l'orage en son vol a dispersé la fleur.

Nous voilà donc sortis de cette riche année,
De tant d'espoirs naïfs, de bonheurs couronnée,
Dont le dernier adieu s'éteint et sans retour.
Moi, des temps à venir pénétrant le mystère,
J'interroge ton cœur, mon seul écho sur terre,
Je lui demande encor s'il me garde un beau jour.

Hors l'amour, il n'est rien, hors l'amour, tout est sombre.
C'est le vice, partout se dérobant dans l'ombre,
Qui terrasse, impuni, la sainte vérité….
C'est le soldat meurtri sous le pied des Thersytes,
C'est le forum hurlant des discours hypocrites,
C'est la honte étouffant le cri de liberté.

Une brise fatale a soufflé sur le monde ;
Sur nous, de toutes parts, coule une bave immonde ;
L'Envie au regard louche, aux doigts toujours tendus,
Arrache les lauriers et les couvre de boue ;
Et je vois un Crésus essuyer sur sa joue
Les insultants soufflets qu'il n'a jamais rendus.

Là, c'est une jeunesse avilie et déchue,
Qui s'adonne sans honte aux plaisirs de la rue
Et cherche à partager le goût des portefaix,
Qui salit son blason dans une orgie infâme,
Décline sans pudeur le saint nom de la femme,
Et couronne son front de ces nobles hauts faits.

Oublions les méchants et les heures qui volent ;
Que nos brûlants baisers de tous maux nous consolent ;
Oublions que le temps moissonne sur nos pas.
Presse-moi sur ton sein, que nos lèvres s'embrassent.
Je ne regrette aucun des bonheurs qui s'effacent,
Si pour moi ton amour un jour ne change pas...

SERRONS NOS RANGS.

AIR : *J'ai partout dans mes voyages.*

Francs amis de collége,
Chers compagnons de jeux,
Nous surprenons la neige
Flotter dans nos cheveux.
Nous n'avons plus les ailes
Qui nous portaient toujours
Vers des sphères nouvelles,
De plus fraîches amours.

De ses feuilles l'automne
Jonche nos pas errants ;
Sur nous la foudre tonne,
Amis, serrons nos rangs.

Le temps semble à sa tâche
Travailler sans pitié,
Incliner sans relâche
L'épi de l'amitié ;
Du chêne même évide
Les branches tour à tour ;
Chaque saison un vide
Dans nos rangs se fait jour.

De ses feuilles l'automne
Jonche nos pas errants ;
Sur nous la foudre tonne,
Amis, serrons nos rangs.

Noble orgueil de la France,
C'est un docteur humain
Qu'attira la souffrance
Dont il serra la main.
Son grand cœur calme, ferme,
Près des mourants surpris,
A contracté le germe
Du mal qui nous l'a pris.

De ses feuilles l'automne
Jonche nos pas errants ;
Sur nous la foudre tonne,
Amis, serrons nos rangs

Sur le champ de bataille
L'un courut en guerrier,
Sous le feu, la mitraille,
Moissonner le laurier.
Il paya de sa vie
L'honneur de son drapeau ;
Sa fin digne d'envie
Illustre son tombeau.

De ses feuilles l'automne
Jonche nos pas errants ;
Sur nous la foudre tonne,
Amis, serrons nos rangs.

Puis l'autre, un vrai poëte
Plongea dans le poison.
Son extase inquiète,
L'oubli de sa raison.
Le siècle vit sa plaie
Sans oser la guérir ;
Pour éviter la claie
Il aima mieux mourir.

De ses feuilles l'automne
Jonche nos pas errants ;
Sur nous la foudre tonne,
Amis, serrons nos rangs.

A la tristesse en butte,
La vie est un combat
Où chacun dans la lutte
Expire ou se débat.
Qu'importe le nuage,
Effroi du genre humain !
Jusqu'au dernier voyage
Nous nous tendrons la main.

De ses feuilles l'automne
Jonche nos pas errants ;
Sur nous la foudre tonne,
Amis, serrons nos rangs.

Compagnons de jeunesse,
Astres d'un ciel éteint,
Notre nombre sans cesse
Voit son cercle restreint.
Au but de la carrière,
Nous n'osons plus jeter
Un regard en arrière,
De peur de nous compter.

De ses feuilles l'automne
Jonche nos pas errants ;
Sur nous la foudre tonne,
Amis, serrons nos rangs.

Les chars funèbres passent
En heurtant notre seuil,
Nos sourires se glacent
Et se voilent de deuil.
Cœur à cœur quand on pleure,
On sent la mort moins près.
Que l'amitié nous leurre,
Et cache nos cyprès.

De ses feuilles l'automne
Jonche nos pas errants...
Sur nous la foudre tonne,
Amis, serrons nos rangs!

TABLE.

Chanson d'auteur	1
Ma Brunette	3
Mourez et ne revenez plus	6
Les yeux bleus	8
Le grand-père	11
Abordage	13
La jeune fille	15
Le lilas blanc	18
Le contrebandier	20
Les volontaires	24
La fille de l'ouvrier	26
Le roi des vilains	28
L'âge d'or	30
Diga-diga-da	33
Le toste à Saint-Hubert	35
Le toréador	38
La croix d'honneur	41
Chanson de table	43
L'écho du lavoir	46
Mon coursier	49
Le docteur Poletti	51
Soldat du roi	53
Hourrah !	56

Le capitaine de corvette	61
Le bouquet	63
Prenez espoir	65
Le nez retroussé	67
Le boucanier	69
La reine de la moisson	71
Souhaits	74
Le meunier	76
Mon cœur	78
Le pauvre	80
Fontaine aux perles	83
Troïka	86
La belle fermière	88
Le trappiste	90
Au pied de la croix	92
Le monastère	94
La belle lavandière	96
L'aumônier du bâtiment	98
Ton regard	100
La sirène de Sorrente	103
Le signe de la croix	106
La Brèche-au-diable	108
Ta main	110
Moi	112
Ton joli nom	114
Soyez heureux, oubliez-moi	116
L'étoile de la mer	118
Les cheveux blonds	120
Le brin d'herbe	123
Le garde française	125
La reine des fleurs	127
Les deux chagrins	129
L'alouette	131

Soupirs	134
Le bandolero	135
L'adieu de l'espoir	137
Le Catéran	139
Joliette	141
La mère du réfractaire	144
Gabao le noir	146
Bonheur passé	148
Bernerette	150
Étoile du soir	154
La blonde aux yeux noirs	156
La boucle de cheveux	159
La belle jardinière	162
Vous demandez si je vous aime?	164
L'Océan	167
Dieu	169
Ma frégate	171
Pomponette	173
Le cœur brisé	175
Chanson vénitienne	177
Peut-on vous voir sans vous aimer?	179
Le pêcheur de la côte	181
La glycine	183
Amour passé	185
La reine des bois	187
S'il pouvait revenir	189
Chantez, oiseaux	191
Mon brigantin	193
Croyances	196
Le loup de mer	198
Le cœur normand	200
Ne te réveille pas	202
La rencontre	204

Tic tac	206
La fiancée du corsaire	209
Éveille-toi	211
Le beau pâtre	215
Appel	217
La reine des prairies	219
Fleur de la madone	222
Résignation	224
Le grand d'Espagne	226
Hélas!	228
Premier bal	230
Une voix de prison	233
Le capitaine au long cours	234
Le baiser de mon enfant	237
Le picador	239
Le baleinier	241
Tes yeux ont pris mon âme	243
Le timbalier	245
Les fleurs animées	248
Le banquet de Tours	251
Un rayon dans la nuit	253
Papillon bleu	255
Vergiss mein nicht	258
Lui	261
Le colon de Mettray	262
Rosée	264
L'enfer et le ciel	266
Premier amour	268
Lamento	270
Mai-rose	272
Une étoile de plus	274
La tarentelle	276
Le ver luisant	278

La chasse à la biche	280
Brise des fleurs	283
Magdelaine	285
Venez, ange du ciel	287
Es-tu fille des cieux?	288
Les eaux de Bagnoles	292
Tout un jour sans te voir	294
Je t'oublierai	296
Églantine	298
La lune de miel	300
Térésita	303
Seul dans les bois	305
Ce qu'il faut au poëte	307
La feuille morte	309
Tristesse	311
Cœur de rocher	313
Une faute	315
Le tambour nègre	316
Nélida	319
Le val des Roseaux	321
La fée aux neiges	323
La meunière	325
Amours d'enfance	328
Le cor	330
Le Val-Marie	332
La vivandière	335
L'oiseleur	338
Dieu protége la France	340

Chansons à mettre en musique.

Le maréchal de France	343
La chanson de Bernerette	345

Le rayon 347
Fidèle au malheur............................ 350
Les rois 352
Le propriétaire 353
Le roc du Capucin 355

Chansons nouvelles sur de vieux airs.

Sans-souci 359
Le chant des zouaves......................... 362
Vive la femme................................ 364
L'âne et le petit chien...................... 367
Chanson de l'ivresse......................... 370
Sébastopol................................... 373
Premier janvier.............................. 375
Serrons nos rangs............................ 378

DU MÊME AUTEUR :

Poésies lyriques. 1 volume in-32.................... 1 fr. 50 c.
Les feuilles mortes. 1 volume in-32................ 1 fr.

EN VENTE A LA MÊME LIBRAIRIE :

Chants et Chansons populaires de la France. 996 chansons et chansonnettes, chants guerriers et patriotiques, chansons bachiques, burlesques et satiriques. Nouvelle édition illustrée de 336 belles gravures sur acier, d'après MM. E. DE BEAUMONT, DAUBIGNY, DUBOULOZ, E. GIRAUD, MEISSONNIER, PASCAL, STAAL, STEINHEIL et TRIMOLET, gravées par les meilleurs artistes. 2 beaux volumes gr. in-8°, avec riches couvertures et frontispices gravés, table et introduction contenant 996 chansons. — Le premier volume est composé de chansons, romances et complaintes, rondes et chansonnettes ; le deuxième volume de chants guerriers et patriotiques, chansons bachiques, burlesques et satiriques. Prix de chaque volume.................. 11 fr.
Demi-reliure, plats toile, doré sur tranche (2 vol. en 1).... 6 fr.

Œuvres complètes de Béranger, avec ses 10 dernières chansons. 1 vol. in-32............................ 3 fr. 50 c.

Œuvres posthumes de Béranger, dernières chansons, 1834 à 1857. Ma Biographie, etc. 1 vol. in-32............ 3 fr. 50 c.

Chansons et Poésies de Désaugiers, nouvelle édition précédée d'une notice sur Désaugiers, par MERLE. 1 fort vol. in-32.. 3 fr.

Chansons et Poésies de Pierre Dupont. Troisième édition, augmentée de chants nouveaux. 1 vol. in-18............ 3 fr.

Chansons nationales et populaires de France, édition elzévirienne, précédées d'une Histoire de la Chanson française, et accompagnées de l'Histoire des théâtres chantants (Opéra, Opéra-Comique, Vaudeville), et enfin d'une foule de notices historiques et littéraires, par DUMERSAN. 1 joli vol. in-32, illustré des seize principaux portraits des chansonniers les plus populaires..... 3 fr. 50 c.

La Goguette ancienne et moderne, choix de chansons guerrières, bachiques, philosophiques, joyeuses et populaires. Joli vol. orné de portraits et vignettes......................... 3 fr.

Lettres d'amour, avec portraits et vignettes. 1 vol......... 3 fr.

Drôleries poétiques, avec portraits et vignettes. 1 vol.... 3 fr.

Académie des Jeux, contenant l'historique, la marche, les règles, conventions et maximes des jeux. 1 vol. illustré............ 3 fr.

TYPOGRAPHIE DE HENRI PLON, IMPRIMEUR DE L'EMPEREUR,
Rue Garancière, 8, à Paris.

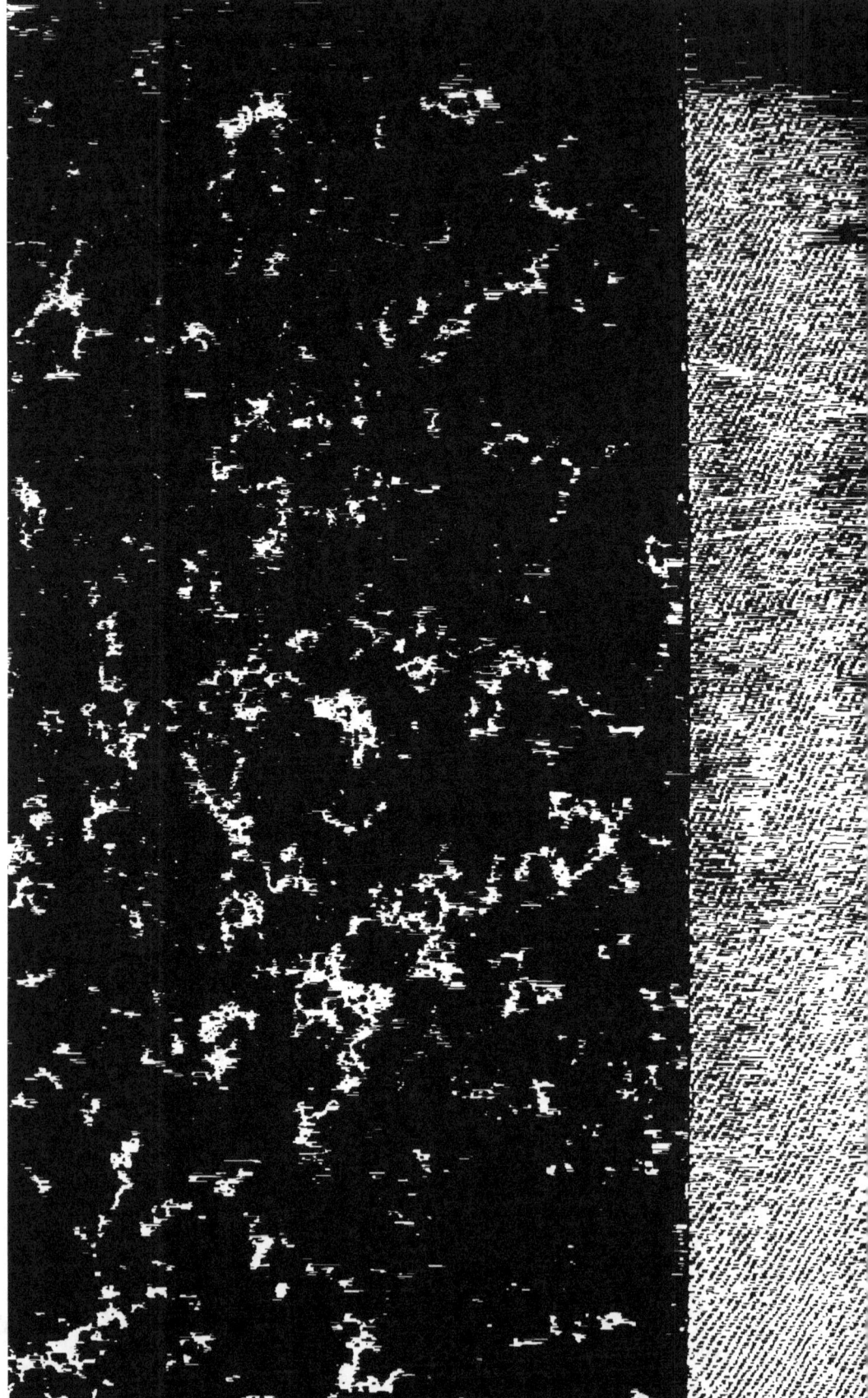

www.ingramcontent.com/pod-product-compliance
Lightning Source LLC
Chambersburg PA
CBHW071911230426
43671CB00010B/1566